Søren Kierkegaard

**Lessing und die objektive Wahrheit**

aus Sören Kierkegaards Schriften

Søren Kierkegaard

**Lessing und die objektive Wahrheit**
*aus Sören Kierkegaards Schriften*

ISBN/EAN: 9783744616911

Hergestellt in Europa, USA, Kanada, Australien, Japan

Cover: Foto ©ninafisch / pixelio.de

Weitere Bücher finden Sie auf **www.hansebooks.com**

# Lessing und die objective Wahrheit

aus

Sören Kierkegaards

Schriften zusammengestellt

von

Albert Bärthold.

Halle,
Verlag von Julius Fricke.
1877.

## Herrn Professor D. Beck

in dankbarer Ergebenheit

zugeeignet.

# Vorbemerkungen.

Diesmal habe ich dem Drange der Dankbarkeit nachgegeben und mir erlaubt dies Schriftchen Herrn Professor D. Beck zuzueignen, um damit auszudrücken, daß ich dem hochverehrten Manne neben anderer reicher Unterweisung auch die Bekanntschaft und das Verständniß Sören Kierkegaards verdanke. Ich glaube es nun wagen zu dürfen ohne den Schein zu erregen, als sollte der verehrte Name zur Reclame dienen, und ohne irgend Anlaß zu geben, daß er für die folgenden Blätter verantwortlich gemacht werde. Ist es auch vielleicht nicht Allen, die dies Schriftchen sehen, bekannt, daß Professor Becks Zustimmung zu Kierkegaard nicht ohne Vorbehalt ist — so kann ich doch erwarten, daß es den Wegen der früheren Schriften folgt, die mit ihm doch wol deutlich machen wie wenig es passen würde, für Kierkegaard Bürgen zu stellen. Bei solcher Sicherung durfte ich mir wol erlauben, was ich schon lange zu tun wünschte: der ehrerbietigen Dankbarkeit Ausdruck geben, in der es mir eine Freude und wie die Befriedigung eines Verlangens ist, Herrn Professor Beck auch das zuzuschreiben, was ich bei Kierkegaard gewonnen habe. Ob dies auch Andern nicht erheblich schiene — das tut ja nichts davon; für mich hat es Bedeutung.

Ueber das Schriftchen selbst habe ich nur wenig vorauszuschicken.

In dem ersten Abschnitt spricht es die humoristische Besorgniß aus, daß es sich durch sein Zurückgehen auf Lessing sofort als veraltet characterisiren werde, da Lessing ein weit überholter Standpunkt sei. Nun mag es in entgegengesetzter Art zu spät kommen, da seitdem wieder recht viel über Lessing geschrieben ist. Hat doch Heinrich Lang kurz vor seinem Tode geschrieben: „Lessing lassen wir nicht gegen uns anrufen, oder wo es mit Recht geschieht, da tun wir sofort in Sack und Asche Buße. So groß ist unser Respect vor Lessing, wenigstens überall, wo es sich um Orientirung über die großen Probleme des geistigen Lebens handelt." In dem Grade ist also Lessing schon längst wieder in den Vordergrund gebracht. Nun hätte ich wenigstens auf dem Titel seinen Namen weglassen und etwa schreiben können: „Der subjective Denker und die objective Wahrheit" was vielleicht weniger bekannt klänge — indeß, Kierkegaard hat sich zu seiner Zeit nie davor gefürchtet, wie zum Ueberfluß dazustehen, er wird's auch nach dem Tode nicht.

Auch was sonst in diesen Bogen enthalten ist, wurde in letzter Zeit wiederholt erörtert. So weit es dasselbe ist, was Kierkegaard und Rasmus Nielsen sagen, kann es ja immerhin noch einmal und in ihrer Weise gesagt werden, vielleicht doch auch mit anderer Wendung.

Sonst schließt sich das Schriftchen an den 4. Abschnitt der „Noten zu S. Kierkegaards Lebensgeschichte" an und steht zu diesen daher in ähnlichem Verhältniß, wie seiner Zeit „Früchte und Blätter" zur „Verfasserexistenz". Zugleich mag es nach Möglichkeit auf den Wunsch nach einem Lehrsystem Kierkegaards antworten. Zur Unterstützung bei dieser Aufgabe mag es hier noch eine Aeußerung K.s über Hamann nachbringen („Noten" S. 52). „Ich will nicht verhehlen, daß ich Hamann bewundere, während ich gern einräume, daß der Elasticität seiner Gedanken die Gleichmäßigkeit und der übernatürlichen Spannkraft die Selbstbeherrschung fehlte für zusammenhängendes Arbeiten. Aber die Ursprünglichkeit des Genies ist in seinem kurzen Wort und die Prägnanz der Form entspricht ganz dem desultorischen

Ausstoßen eines Gedankens. Er ist mit Leib und Sele bis zum letzten Blutstropfen gesammelt in einem einzigen Wort, in dem leidenschaftlichen Protest eines hochbegabten Genius gegen ein System des Daseins. Aber das System ist gastfrei; armer Hamann! Du bist von Michelet auf einen § reducirt. Ob Dein Grab jemals ausgezeichnet war, weiß ich nicht, ob es nun niedergetreten ist, weiß ich auch nicht, aber das weiß ich, daß Du mit Teufels Macht und Gewalt in §=Uniform gesteckt und ins Glied gestellt worden bist."

An Kierkegaard solches zu verüben, hat für mich nichts Lockendes.

Halberstadt, Januar 1877.

A. Bärthold.

# Inhalt.

|   | Seite. |
|---|---|
| Etwas von Lessing . . . . . . . . . . . . . . . | 1 |
| Zwischenbemerkungen über Ungewißheit und christliche Kunst . . | 29 |
| Das objective Problem von der Wahrheit des Christentums . . | 48 |
|     1. Die heilige Schrift . . . . . . . . . . . | 49 |
|     2. Von der Kirche . . . . . . . . . . . . | 61 |
|     3. Beweis der Jahrhunderte . . . . . . . . . . | 72 |
| Die speculative Betrachtung . . . . . . . . . . . | 75 |
| Beilage. Rasmus Nielsen über Glauben und Wissen gegen Martensen . . . . . . . . . . . . . . . | 82 |

## Danksagung an Lessing.

Ein armer privatisirender Denker, ein speculativer Grillenfänger, der gleich einem armen Einmieter ganz oben in einem ungeheuren Bau eine Dachkammer bewohnt, sitzt dort in seinem Verschlage, gefangen in Gedanken, die ihm schwierig scheinen. Ohne näher verstehen zu können wie es geschieht, faßt er einen ahnenden Argwohn, daß irgendwo in den Fundamenten ein Fehler sein müsse, aber so oft er aus seinem Dachfenster ausschaut, bemerkt er mit Schrecken die verdoppelte und geschäftige Anstrengung, den Bau zu verschönern und zu erweitern. Da sinkt er hin in Mattigkeit; ihm ist zu Mute wie einer Spinne, die in ihrem verborgenen Winkel seit dem letzten Reinmachen ihr kümmerliches Leben fristet, während sie in Angst an sich selbst merkt, daß ein Unwetter in der Luft ist. Jedes Mal wenn er seinen Zweifel zu einem Einzelnen äußerte, war seine Ausdrucksweise wie die fadenscheinige und abstechende Kleidung eines verunglückten Subjects, so verschieden war sie von der allgemeinen Modetracht der Gedanken. Wenn dieser privatisirende Denker und speculative Grillenfänger plötzlich die Bekanntschaft eines Mannes machte, dessen Berühmtheit ihm zwar nicht direct für die Richtigkeit der Gedanken bürgte (denn so objectiv ist der arme Einmieter nicht, daß er ohne weiteres rückwärts von der Berühmtheit auf die Wahrheit schließen könnte) aber dessen Berühmtheit wie ein Lächeln des Glücks für den Verlassenen wäre, der bei dem berühmten Manne einige der schwierigen Gedanken berührt fände: ach, welche Freude, welcher Festtag in der kleinen Dachkammer, wenn jener arme Einmieter sich tröstet mit dem herrlichen Nachruhm des Berühmten, während seine Gedanken Freimütigkeit gewinnen und die Hoffnung auflebt, die Hoffnung sich selbst zu verstehen, nämlich zuerst die Schwierigkeit zu verstehen und dann vielleicht sie sogar zu überwinden! Es gilt nämlich bei einer Schwierigkeit immer erst die Schwierigkeit zu verstehen, dann kann man immer dazu übergehen, sie zu erklären — wenn man es kann.

Nun wol denn, im Scherz und im Ernst: vergieb, berühmter Lessing, diese Aeußerung einer schwärmerischen Dankbarkeit, vergieb ihre scherzende Form! Die Aeußerung hält sich gewiß in geziemendem Abstand ohne Zubringlichkeit, sie ist ohne welthistorisches Geschrei ohne systematische Gewalttätigkeit rein persönlich; ist sie unwahr, so ist es weil sie allzu schwärmerisch ist, was doch der Scherz ausgleicht. Und dieser Scherz hat auch seinen tiefern Grund in dem umgekehrten Verhältniß. Der Eine erhebt experimentirend Zweifel, ohne zu erklären warum er es tut, der Andre sucht experimentirend das Religiöse in seiner übernatürlichen Größe hervorzubringen, ohne zu erklären warum er es tut.

Die Aeußerung gilt nicht dem, was man im Allgemeinen und, wie ich annehme, mit Recht bei Lessing bewundert hat. Denn so zu bewundern bin ich nicht befugt. Sie geht Lessing nicht an in seiner Eigenschaft als Gelehrter, nicht was mich wie eine sinnreiche Mythe anspricht, daß er Bibliothekar war, nicht was mich wie ein Epigramm anspricht, daß er die Sele einer Bibliothek war, daß er mit einer fast allgegenwärtigen Autopsie ein enormes Wissen umfaßte, einen gigantischen Apparat beherrscht von der Einsicht des Denkens, gehorsam den Winken des Geistes, gebunden in den Dienst der Idee. Sie geht Lessing nicht an als Dichter, nicht seine Meisterschaft im construiren des dramatischen Satzes, nicht seine psychologische Befugniß, dichterisch offenbar zu machen, nicht seine bisher unübertroffenen Repliken, die mit dem leichten Schwunge des Gesprächs sich frei und ungenirt in den Windungen des Dialogs bewegen, trotz des Gewichtes der Gedanken. Sie geht Lessing nicht an als Aesthetiker, nicht jene Grenzlinie, die auf sein Gebot, ganz anders entscheidend wie die eines Papstes, zwischen Poesie und Kunst gezogen ist, nicht jenen Reichtum ästhetischer Beobachtungen, von dem auch unsere Zeit noch zehrt. Sie geht Lessing nicht an als den Weisen, nicht jene sinnreiche Weisheit, die sich bescheiden in die geringe Tracht der Fabel barg. Nein, sie geht Etwas an, wo der Knoten grade ist, daß man nicht direct bewundern oder durch seine Bewunderung in ein unmittelbares Verhältniß zu ihm kommen kann, da Lessings Verdienst grade ist, daß er dies verhindert hat, daß er nämlich religiös sich in der Isolation der Subjectivität abschloß, daß er in religiöser Hinsicht sich nicht verführen ließ, welthistorisch oder systematisch zu werden, sondern verstand und festzuhalten verstand, daß das Religiöse Lessing anging, Lessing allein, wie es in derselben Weise jeden Menschen angeht; daß er verstand, wie er es unendlich mit Gott zu tun hatte, aber direct nichts, gar nichts mit irgend einem Menschen. Sieh, dies ist der Gegenstand der Aeußerung, der Gegenstand der Dankbarkeit, — wenn es nur bloß gewiß ist, daß es mit Lessing so steht! — Und wenn es gewiß so wäre, so würde Lessing mit Recht sagen können: nicht Ursache zu danken. Wenn es nur gewiß ist! Ja vergebens würde ich auf ihn einstürmen mit der Beredsamkeit der Bewunderung, vergebens drängen, drohen, trotzen, er hat grade jenen archimedischen Punkt der Religiösität erfaßt, womit man nicht grade die ganze Welt bewegen kann, aber zu dessen Entdeckung eine Weltkraft gehört, wenn man Lessings Voraussetzungen hat. Wenn es nur so ist! — Aber nun sein Resultat! Hat er das Christentum angenommen oder hat er es verworfen, hat er es verteidigt oder hat er es angegriffen? — damit ich dieselbe Ueberzeugung annehmen könne im Vertrauen auf ihn, der genug dichterische Phantasie hatte, um jeden beliebigen Augenblick gleichzeitig mit jener Begebenheit zu sein, welche vor nunmehr 1812\* Jahren eintrat, und dies so primitiv tat, daß jeder historische Sinnenbetrug, jedes objectiv-hinterlistige Falsum verhindert war. Ja, halte nur Lessing fest. Nein, er hatte auch genug skeptische Unerschrockenheit und genug religiösen Sinn um die Kategorie des Religiösen zu merken. Will das Jemand leugnen, so fordere ich, daß darüber abgestimmt wird. Also sein Resultat? Verwunderlicher Lessing! Er hat keins! Da ist keine Spur von einem Resultat; wahrlich, nicht ein Beichtvater, der die Bewahrung eines Geheimnisses übernahm, nicht ein Mädchen, das sich selbst und seiner Liebe Schweigen gelobt hatte und durch das Halten des Gelübdes unsterblich wurde, auch nicht der, welcher jede Aufklärung

---

\*) Das Buch ist 1845 geschrieben.

mit sich ins Grab nahm: Niemand kann sich vorsichtiger benehmen als Lessing bei seiner schwierigen Aufgabe: zugleich zu reden. Nicht Satan selbst kann mit Bestimmtheit Etwas als Dritter sagen. Was dagegen Gott betrifft, so kann er niemals Dritter werden, wo er in dem Religiösen dabei ist; dies ist grade das Geheimniß des Religiösen.

Woran vielleicht die Welt immer Mangel gehabt hat, ist, was man die eigentlichen Individualitäten nennen kann, die entschiedenen Subjectivitäten, die künstlerisch durchreflectirten, die selbstdenkenden, welche von den nachbrüllenden und den bocirenden verschieden sind. Je objectiver die Welt wird und die Subjectivitäten dazu, um so schwieriger wird es mit den religiösen Kategorien, welche grade in der Subjectivität liegen, weßhalb es so ziemlich eine irreligiöse Uebertreibung ist, wenn man im Verhältniß zu dem Religiösen will welthistorisch, wissenschaftlich und objectiv sein. Doch habe ich nicht Lessing hervorgezogen, um Einen zu haben, auf den ich mich berufen könnte, denn schon ein solches Berufen auf eine andre Subjectivität ist ein Versuch objectiv zu werden, ist der erste Schritt nach der Stimmenmehrheit zu haschen und sein Gottesverhältniß in ein Speculations-Unternehmen zu verwandeln mit Hilfe der Wahrscheinlichkeit und einer Compagnieschaft und Mitactionären. — Hat ein Mensch sich nicht selbst aus der Objectivität herausgearbeitet, so ist alles Berufen auf eine andere Individualität. bloß Mißverständniß, und hat er es getan, so wird er wol selbst über seinen eignen Gang Bescheid wissen und über die dialectischen Voraussetzungen, in und nach welchen er seine religiöse Existenz hat. Der

Entwicklungsgang der religiösen Subjectivität hat nämlich die merkwürdige Eigenschaft, daß er sich hinter dem Einzelnen schließt und Jeder ihn sich selbst bahnen muß. Weßhalb sollte sich nicht auch die Gottheit im Preise halten! Ueberall wo etwas Außerordentliches und Wertvolles zu sehen ist, da ist auch Gedränge, aber der Eigentümer richtet es vorsichtig so ein, daß nur Einer auf einmal hereinkommen darf — das Gedränge, die Masse, der Haufen, der welthistorische Auflauf bleibt draußen. Und die Gottheit besitzt doch wol das Kostbarste; aber sie weiß sich auch ganz anders zu sichern als irdische Aufsicht, sie weiß ganz anders zu verhindern, daß Einer unter Benutzung des Gedränges sich welthistorisch, objectiv und wissenschaftlich einschmuggelt. Und wer dies faßt, drückt vielleicht und vermutlich dasselbe durch sein Benehmen aus, während doch dasselbe Benehmen bei dem Einen kann Frechheit sein und bei dem Andern der religiöse Mut, ohne daß sich dies jedoch objectiv entscheiden läßt. Ob nun Lessing das Große getan hat, ob er vor der Gottheit sich demütigend und die Menschen liebend dadurch der Gottheit zu Hilfe gekommen ist, daß er in seinem Verhältniß zu den Andern sein Gottesverhältniß ausdrückte, damit nicht das Sinnlose geschehe, daß er wol sein Gottesverhältniß hätte, aber ein andrer Mensch sein Gottesverhältniß nur durch Lessing hätte — ja, wer weiß das mit Bestimmtheit? Wüßte ich es mit Bestimmtheit, so könnte ich mich auf ihn berufen, und könnte ich mich mit Recht auf ihn berufen, so hätte Lessing es bestimmt nicht getan.

Nun ist Lessing ja freilich längst überholt; er ist eine verschwindend kleine Station auf der welthistorisch-systematischen Eisenbahn. An ihn sich halten heißt sich selbst richten und berechtigt jeden Zeitgenossen zu dem objectiven Urteil, daß man mit der Zeit nicht fortgeschritten ist. — An Lessing erinnern ist eine verzweifelte Sache, denn wenn Lessing bereits etwas von dem gesagt hat, was man sagen will, dann ist es ja ausgemacht, daß man weit weit zurück ist — es müßte denn sein, entweder daß wahr ist, was Lessing sagte, und dann ist es bedenklich mit der Eisenbahn davon wegzufahren, oder daß man sich nicht Zeit genommen hätte, Lessing zu verstehen, der sich beständig geschickt zu entziehen wußte. Aber sieh, wenn man sich so gegen all diesen Tort und diese Anfechtungen gesichert hat, so ist das Schlimmste noch übrig: gesetzt daß Lessing einen betröge. Nein, er war doch ein Egoist dieser Lessing! In religiöser Hinsicht hatte er immer etwas für sich selbst, etwas das er wol sagte, aber auf eine hinterhaltige Weise, etwas das sich nicht hinterher von Repetenten hersagen läßt, etwas das beständig dasselbe blieb während es beständig die Form veränderte, etwas das sich nicht in ein systematisches Formularbuch einführen läßt, sondern das der gymnastische Dialectiker bald so bald so hervorbringt, dasselbe und doch nicht dasselbe. Das war doch recht häßlich von Lessing, daß er so beständig die Buchstaben veränderte; so verwirrt ja auch ein Mathematiker durch Veränderung der Buchstaben den Schüler, der nicht auf den Beweis gesehen hat, sondern sich bloß oberflächlich die Buchstaben eingeprägt hat. Es war schändlich von Lessing, daß er die in Verlegenheit bringt, die so gern in verba magistri schwören wollen, da sie in Bezug auf ihn niemals zu dem Einzigen kommen können, das ihnen na=

türlich ist, nämlich zum Schwören; daß er nicht direct sagte, ich greife das Christentum an, damit sie sagen könnten: wir schwören; oder daß er nicht direct sagte, ich will das Christentum verteidigen, damit sie sagen könnten: wir schwören. Das war ein Mißbrauch seiner dialectischen Kunst, da sie nothwendiger Weise falsch schwören müssen (denn schwören müssen sie nun einmal), ebenso wenn sie schwören, daß er jetzt dasselbe sage wie vorher, weil die Form und die Einkleidung dieselbe sei, wie wenn sie schwören, daß er nun nicht dasselbe sage, weil Form und Inhalt verändert sei; ganz gleich jenem Reisenden der in dem Unschuldigen seinen Räuber wieder erkannte, weil er die Perücke des Räubers aufhatte, aber den Räuber nicht erkannte ohne die Perücke, und der sich deßhalb hätte begnügen sollen zu beschwören, daß er die Perücke wiedererkenne. Nein, Lessing war kein ernsthafter Mann; seine ganze Darstellung ist ohne Ernst und ohne die wahre Zuverlässigkeit, die den Andern das Nachdenken erspart. Und nun sein Stil! Dieser polemische Ton, der jeden Augenblick unendlich gute Zeit zu einem Witz hat, und dies sogar in einer Gährungs=Periode; denn nach einer alten Zeitung, die ich gefunden habe, soll damals adkurat wie jetzt eine Gährungsperiode gewesen sein, deren gleichen die Welt niemals gesehen hat. Diese stilistische Sorglosigkeit, welche ein Gleichniß bis ins kleinste Detail ausführt, als hätte die Darstellung selbst einen Wert, als wäre Friede und Sicherheit und das obschon vielleicht der Druckerbursche und die Weltgeschichte ja die ganze Menschheit darauf wartete, daß er fertig werden sollte. Diese Mischung von Scherz und Ernst, welche es einem Dritten unmöglich macht, mit Bestimmtheit zu wissen, was die Sache ist — es müßte denn sein, daß der Dritte es durch sich selbst wüßte. Diese Hinterlist, die vielleicht sogar zuweilen einen falschen Accent auf das Gleichgiltige legt, damit der Wissende grade so am besten das dialectisch Entscheidende fassen könne, und die Ketzer nichts bekommen, was sie forttragen können. Diese Darstellungsweise, die ganz seiner Individualität zugehört, die frisch und erquickend sich ihren eignen Weg bahnt, und nicht in einem Mosaik von Stichworten und autorisirten Phrasen und modemäßigen Wendungen versteinert, welche mit Gänsefüßen einem verraten, daß der Schreiber der Zeit folgt, während Lessing einem sub rosa vertraut, daß er dem Denken folgt. Diese Pfiffigkeit, mit der er sein eignes Ich braucht, fast wie Sokrates, indem er sich Compagnieschaft verbittet oder vielmehr dagegen sichert, nämlich im Verhältniß zur ewigen Wahrheit, wo die Hauptsache grade ist, allein zu sein, ohne sich des Triumphs wegen Menschen dazu zu wünschen, da hier kein Triumph zu gewinnen ist, es müßte denn der Scherz der Unendlichkeit sein, daß er vor Gott Nichts ist; ohne sich in die Lebensgefahr des einsamen Denkens Menschen herbei zu wünschen, da diese grade der Weg ist. Ist all dieses Ernst? Ist es Ernst, daß er sich wesentlich gleich gegen Alle benimmt, daß er sich nicht bloß dem dummen Versuch der Fanatiker entzieht, wenn sie ihn in das positiv Sociale einschreiben wollen und ihre törichte Anmaßung verspottet, wenn sie ihn ausschließen wollen, sondern daß auch die begeisterte Beredsamkeit des edlen Jacobi nichts über ihn vermag, daß er durch Lavaters liebenswürdig einfältige Bekümmerung um seine Sele nicht gerührt wird? Ist es der Ausgang eines ernsthaften Mannes aus dem Leben, daß sein letztes Wort ebenso rätselvoll wie all das Uebrige ist,\*) so daß der edle Jacobi für seine Seligkeit nicht einstehen kann, und Jacobi war ernsthaft genug, sich darüber zu bekümmern — vielleicht fast ebenso sehr wie um seine eigne? Ist das Ernst? Ja, laß die es entscheiden, die so ernstlich sind, daß sie nicht einmal Scherz verstehen, die sind doch wol competente Richter, es müßte denn unmöglich sein, Ernst zu verstehen, wenn man nicht Scherz versteht, worauf bereits jener ernsthafte Cato Uticensis hingewiesen haben soll, indem er die dialectische Reciprocität zwischen Ernst und Scherz aufzeigte. Aber wenn Lessing kein ernsthafter Mann ist, welche Hoffnung ist dann für den, der so sehr Viel aufgiebt, das Welthistorische und das Systematische, um sich auf jenen zu stützen?

Sieh, solch schwierig Ding ist es sich Lessing in religiöser Hinsicht zu nähern. Wollte ich die einzelnen Gedanken darstellen und sie dann geschwätzig direct auf ihn

———

\*) So soll ja Hegel auch mit den Worten gestorben sein, daß Keiner ihn verstanden habe außer einem, der ihn mißverstanden habe; und wenn Hegel dasselbe getan hat, so kann das vielleicht Lessing zu Gute kommen. Ach, aber es ist ein großer Unterschied. Hegels Aussage hat gleich das Gebrechen, daß sie eine directe Aussage und als solche für ein solches Mißverständniß gänzlich inadäquat ist; sie allein beweist hinlänglich, daß Hegel nicht künstlerisch in der Verschlagenheit der Doppel-Reflexion existirt hat. Außerdem ist Hegels Mitteilung in den ganzen siebzehn Bänden directe Mitteilung; hat er da keinen gefunden, der ihn verstanden hat, so ist es am schlimmsten für Hegel. Eine andre Sache wäre es z. B. mit Sokrates, der seine ganze Mitteilung künstlerisch auf Mißverständniß eingerichtet hatte. Ist jene Replik von Hegel eine Mythe, so läßt sie sich am besten als Gedankenlosigkeit auffassen, in der man ihn im Augenblick des Todes auf einen Weg bringen will, auf dem er im Leben niemals gewesen ist.

zurückführen, wollte ich ihn in verbindlicher Bewunderung umarmen als den, dem ich das Alles verdankte, dann würde er sich vielleicht lächelnd entziehen und mich im Stich lassen, als Gegenstand des Gelächters. Wollte ich seinen Namen verschweigen, und brüllend vortreten, glückselig über meine maßlose Entdeckung, die keiner vorher gemacht hätte, da würde wol jener $\pi o \lambda \nu \mu \eta \tau \iota \varsigma$ $O \delta \nu \sigma \sigma \varepsilon \nu \varsigma$ mich mit zweideutig bewundernder Miene auf die Schulter schlagen und sagen: „darin haben Sie Recht, wenn ich das gewußt hätte" — und da würde ich wol verstehen, wenn es auch kein Andrer verstünde, daß er mich zum Besten hätte.

Ohne mich auf Lessing berufen zu dürfen, ohne ihn mit Bestimmtheit als Bürgen zu nennen, denke ich darzustellen, was ich auf Lessing hinführe, ohne sicher zu sein, daß er es eingesteht. Ja, man findet doch selten einen Verfasser, der so behaglich im Umgang ist wie Lessing. Und woher kommt das? Daher, denke ich, daß er seiner selbst so sicher ist. Jener triviale und gemächliche Verkehr zwischen einem Ausgezeichneten und einem minder Ausgezeichneten, in welchem der Eine Genie und Meister ist, der andere Lehrling, Bote, Lohndiener usw, der ist hier verhindert. Wenn ich auch mit des Teufels Macht und Gewalt Lessings Schüler sein wollte, ich kann nicht, er hat es verhindert. Wie er selbst frei ist, so will er, denke ich, Jeden frei machen, indem er sich die Ausdünstungen und Flegeleien der Lehrlinge fernhält, besorgt daß er durch die Repententen lächerlich werden möchte, wenn sie das Gesagte treu wie das Echo nachschwatzten.

Lessing hat gesagt, daß zufällige historische Wahrheiten niemals ein Beweis für ewige Vernunftwahrheiten werden können, und daß der Uebergang, durch welchen man eine ewige Wahrheit auf eine historische Nachricht bauen will, ein Sprung ist.

Die Stelle findet sich in einem kleinen Aufsatz: Ueber den Beweis des Geistes und der Kraft; an den Herrn Director Schumann. Lessing bekämpft hier was ich nenne: über eine qualitative Entscheidung hinwegquantitiren; er bekämpft den directen Uebergang von historischer Zuverlässigkeit zur Entscheidung einer ewigen Seligkeit. Er leugnet nicht (denn er weiß gleich Concessionen zu machen, damit die Kategorieen deutlich werden können) daß was in der Bibel von Zeichen und Wundern erzählt wird, ebenso zuverlässig ist wie andere historische Nachrichten, ja so zuverlässig wie überhaupt historische Nachrichten sein können: "aber nun, wenn sie nur ebenso zuverlässig sind, warum macht man sie bei dem Gebrauche auf einmal unendlich zuverlässiger?" (S. 79) nämlich indem man auf sie die Annahme einer Lehre gründen will, welche die ewige Seligkeit bedingt, also auf diese historischen Nachrichten eine ewige Seligkeit gründen will. Lessing ist willig gleich allen Andern zu glauben, daß ein Alexander gelebt hat, welcher ganz Asien bezwungen hat, "aber wer wollte auf diesen Glauben hin etwas von großem und dauerhaftem Belange, dessen Verlust nicht zu ersetzen wäre, wagen?" (S. 94).

Es ist immer der Uebergang, der directe Uebergang von dem historisch Zuverlässigen zu der ewigen Entscheidung, welchen Lessing bekämpft. Deßhalb stellt er sich so, daß er einen Unterschied macht zwischen den Nachrichten über die Wunder und Zeichen und der Gleichzeitigkeit mit denselben. Aus den Nachrichten sammt ihrer eingeräumten Zuverlässigkeit folgt nichts, sagt Lessing, aber, fügt er hinzu, wäre er gleichzeitig mit Zeichen und Wundern gewesen, so würde es ihm geholfen haben. Wohl unterrichtet, wie Lessing immer ist, protestirt er deßhalb gegen ein halb trügerisches Citat aus Origines, das angeführt wurde, um jenen Beweis für die Wahrheit des Christentums zu stärken. Er protestirt indem er die Schlußworte des Origines hinzufügt, woraus man sieht, daß Origines annimmt, daß noch in seiner Zeit Wunder geschahen und daß er diesen Wundern, mit welchen er also gleichzeitig ist, Beweiskraft beilegt wie denen, von welchen er liest.

Da Lessing sich so gestellt hat, bekommt er nicht Gelegenheit das dialectische Problem hervorzuheben, ob die Gleichzeitigkeit etwas helfen würde, ob sie mehr sein kann als eine Veranlassung, was doch die historische Nachricht auch sein kann. Lessing scheint das Entgegengesetzte anzunehmen, vielleicht hat er dies jedoch nur getan um seinem Fechten e concessis gegenüber einem bestimmten einzelnen Manne mehr dialectische Deutlichkeit zu geben. Meine „philosophischen Bissen" suchten dagegen zu zeigen, daß die Gleichzeitigkeit gar nichts hilft, weil in alle Ewigkeit kein directer Uebergang ist; es wäre ja auch eine grenzenlose Ungerechtigkeit gegen alle Späteren, eine Ungerechtigkeit und eine Kluft viel schlimmer wie die zwischen Juden und Griechen, zwischen Beschnittenen und Unbeschnittenen, welche Kluft doch das Christentum beseitigt hat.

Die philosophischen Bissen machen darauf aufmerksam,

was hier in den Text eingeschoben werden mag, daß auch die Zeitgenossen glauben mußten, oder mit andern Worten: nicht mit leiblichen Augen sondern mit Glaubens= augen sehen mußten um zu sehen, was da offenbart wurde, während andrerseits jeder spätere Gläubige gleich= falls mit den Augen des Glaubens sieht, nicht mit den Augen eines Anderen und also im Glauben Autopsie hat. Die „Einübung im Christentum" versetzt grade deßhalb in die Gleichzeitigkeit mit Christus, um den Glauben energisch hervorbrechen zu lassen, weil in der Gleichzeitig= keit die Notwendigkeit persönlich zwischen Glauben und Aergerniß zu wählen, am deutlichsten wird. Sie sagt in Bezug auf Zeichen und Wunder: „Du siehst etwas Un= erklärliches, Wunderbares, mehr nicht, und du siehst vor deinen Augen einen einzelnen Menschen, der wie andre Menschen ist; er tut das Wunderbare und sagt von sich, daß er Wunder tue. Das Wunder kann nichts beweisen, denn glaubst du nicht, daß er ist, was er von sich sagt, so leugnest du das Wunder. Das Wunder kann auf= merksam machen — nun bist du in Spannung und es kommt darauf an, was du wählst, das Aergerniß oder den Glauben; es ist dein Herz, welches offenbar wird. Die Wunder führen nicht in den Glauben hinein, o weit entfernt (sonst wäre es ja überflüssig hinzuzufügen, selig, wer sich nicht an mir ärgert), sie führen nur zu dem Punkte, wo der Glaube entstehen kann, sie helfen einem aufmerksam zu werden und helfen in die Spannung hinein: willst du glauben oder dich ärgern.)

Lessing hat selbst sein Problem in folgenden Worten zusammengefaßt: Zufällige Geschichtswahrheiten

können der Beweis von notwendigen Vernunft=
wahrheiten nie werden. Was hier stutzig macht ist
das Prädicat „zufällige". Es ist verwirrend, es scheint
eine absolute Unterscheidung zwischen wesentlichen und zu=
fälligen historischen Wahrheiten zu machen, während die
Unterscheidung doch zugleich nur eine Subdivision ist.
Sollte aber trotz des identischen höheren Prädicats („histo=
risch") eine absolute Unterscheidung gemacht sein, so könnte
daraus zu folgen scheinen, daß bei den wesentlichen histo=
rischen Wahrheiten ein directer Uebergang möglich wäre.
Ich könnte nun hitzig werden und sagen: es ist unmöglich,
daß Lessing so inconsequent wäre, ergo — — und meine
Hitzigkeit würde Manchen überzeugen. Inzwischen be=
schränke ich mich auf ein höfliches Vielleicht, welches an=
nimmt, daß Lessing in dem Prädicat „zufällig" Alles ein=
geschlossen aber nur Etwas gesagt hat, so daß zufällig kein
einteilendes oder unterscheidendes Prädicat, sondern ein
Genus=Prädicat ist, welches die historischen Wahrheiten
überhaupt als zufällige bezeichnet. Wenn es nicht so ge=
meint ist, so liegt hier das ganze Mißverständniß, das
immer wieder durch die neuste Philosophie geht: daß man
das Ewige ohne weiteres historisch werden läßt und daß
man die Notwendigkeit des Historischen begreifen könne.
Alles was historisch wird ist zufällig, denn grade dadurch
daß es historisch wird oder überhaupt entsteht bekommt es
ein Moment von Zufälligkeit, denn Zufälligkeit ist grade
der eine Factor bei allem Entstehen.\*)

---

\*) Die „philosophischen Bissen" bekämpfen die Meinung daß
Notwendigkeit die Einheit von Möglichkeit und Wirklichkeit sei. Denn
Möglichkeit und Wirklichkeit sind Bestimmungen des Seins, aber Not-

So verstanden ist der Uebergang, durch den etwas Historisches für die ewige Seligkeit entscheidend wird, eine μεταβασις εἰς ἄλλο γενος; Lessing sagt sogar: wenn das es nicht ist, so weiß ich nicht was Aristoteles darunter verstanden hat; es ist ein S p r u n g sowol für die Zeitgenossen, wie für die Späteren. Dies Wort Sprung hat auch Lessing gebraucht. Die Worte lauten so: Das, das ist der garstige breite Graben über den ich nicht kommen kann, so oft und ernstlich ich auch den Sprung versucht habe (S. 83). Vielleicht ist das Wort Sprung nur eine Wendung im Stil, vielleicht wird deßhalb das Bild für die Phantasie ausgeführt durch Beifügung des Prädicates „breit", als hätte nicht auch der kleinste Sprung die Eigenschaft den Graben unendlich breit zu machen; als wäre es für einen der gar nicht springen kann, nicht gleich schwierig, ob nun der Graben breit oder schmal ist; als wäre es nicht der dialectisch leidenschaftliche Abscheu vor einem Sprunge, der den Graben so unendlich breit macht, gleichwie Lady Macbeths Leidenschaft den Blutfleck so ungeheuer groß macht, daß der Ocean ihn nicht abwaschen kann.

---

wendigkeit ist eine Wesens=Bestimmung. Das Mögliche wird entweder wirklich oder es bleibt, was es ist, möglich, aber niemals kann es notwendig werden. Des Aristoteles Satz „alles Notwendige ist möglich" ist falsch; Notwendigkeit und Möglichkeit schließen sich absolut aus. Das Entstehen geschieht durch Freiheit, nicht aus Notwendigkeit. Kein Entstehen kommt von einem Grunde, sondern Alles von einer Ursache. Jede Ursache führt zurück auf eine freiwirkende Ursache, und nur die dazwischen liegenden Ursachen veranlassen den Schein der Notwendigkeit. Der obige Satz daß alles Gewordene ein Moment des Zufälligen habe, findet eine humoristische Zustimmung in den Beispielen von kleinen Ursachen und großen Wirkungen. Sagt man: das ist nicht Ursache sondern Anlaß, so bezeichnet man grade das Zufällige.

A. B.

Vielleicht ist es auch eine List von Lessing, daß er das Wort „ernstlich" anbringt, denn beim Springen, besonders wenn das Bild für die Phantasie ausgeführt wird, ist Ernst possierlich genug, weil er in keinem oder in einem komischen Verhältniß zum Sprunge steht, da ihn ja nicht die Breite des Grabens, äußerlich verstanden, verhindert, sondern innerlich die dialectische Leidenschaft, welche den Graben unendlich breit macht. Ganz nahe an Etwas gewesen sein hat bereits seine komische Seite, aber ganz nahe am Sprunge gewesen sein ist gar nichts, grade weil der Sprung die Kategorie der Entscheidung ist. Und nun, daß er mit äußerstem Ernst habe springen wollen — ja der Lessing ist ein Schelm, denn er hat wol eher mit äußerstem Ernst den Graben breit gemacht: heißt das nicht die Leute zum Besten haben! Doch kann man bekanntlich hinsichtlich des Sprunges auch auf eine beliebtere Weise die Leute narren: man schließt die Augen, packt sich selbst à la Münchhausen am Schopf und dann — dann steht man auf der andern Seite, jenseits des gesunden Menschenverstandes in dem systematisch verhexten Lande.

Jener Ausdruck „Sprung" ist übrigens auch in anderer Weise an Lessings Namen geknüpft. Er erinnert überhaupt, wie selten ein Denker in der neueren Zeit, spielend an die schöne griechische Weise zu philosophiren, indem er sich und seine Denker=Existenz in einem einzigen kurzen glücklichen Satz concentrirt. Sein Wissen ist nicht ein gelehrtes Sammelsurium und echtspeculatives Vermitteln von dem was Creti und Pleti, Genies und Privatdocenten gedacht und geschrieben haben; sein Verdienst ist nicht, daß er diese Herrlichkeiten auf die Schnur der historisirenden Methode

gezogen hätte; nein kurz, einfach hat er etwas für sich
selbst. Wie man bei manchen griechischen Denkern statt
ihres Namens ihr Losungswort nennen kann, so hat auch
Lessing ein letztes Wort hinterlassen. Lessings „letztes
Wort" gab bekanntlich seiner Zeit Anlaß zu einigen
Schreibereien. Der begeisterte edle Jacobi, der mit
liebenswürdiger Sympathie oft von seinem Verlangen
spricht, von andern Denkern verstanden zu werden, von
dem Wünschenswerten mit Andern einig zu sein, war der
Beichtvater, welchem es vorbehalten war, Lessings letztes
Wort aufzubewahren. Nun das versteht sich, es war eine
schwierige Sache Beichtvater zu sein bei einem Jroniker
wie Lessing, und Jacobi hat genug getragen, unverschuldet,
in sofern man ihn ungerecht angegriffen hat, verschuldet, in
sofern ihn Lessing keineswegs als Beichtvater hatte holen
lassen, noch weniger ihn gebeten hatte, das Gespräch be=
kannt zu machen, am allerwenigsten den pathetischen Accent
auf unrichtige Stelle zu legen.

 Es ist in der ganzen Situation etwas höchst Poetisches:
Zwei so ausgeprägte Persönlichkeiten wie Lessing und Jacobi
im Gespräch mit einander. Der unerschöpfliche Fürsprecher
der Begeisterung als Beobachter, und der verschlagene Lessing
als Katechumene. Jacobi soll ausforschen, wie es denn
eigentlich mit Lessing steht. Was geschieht? Mit Schrecken
entdeckt er, daß Lessing im Grunde doch Spinozist ist.
Der Begeisterte wagt das Aeußerste und schlägt ihm jenen
allein rettenden salto mortale vor. Hier muß ich einen
Augenblick inne halten; es könnte scheinen, als wäre schließ=
lich Jacobi Erfinder des Sprunges. Doch muß bemerkt
werden: erstens ist Jacobi nicht klar darüber, wo der

Sprung eigentlich hingehört; er ist ihm zunächst nur der Subjectivirungs-Act gegenüber der Objectivität Spinozas, nicht der Uebergang vom Historischen zum Ewigen. Dann ist er sich auch nicht dialectisch klar über den Sprung, darüber, daß er sich nicht dociren oder direct mitteilen läßt, grade weil der Einzelne sich entscheiden muß, ob er in Kraft des Absurden sich entschließen will, gläubig das anzunehmen, was sich grade nicht denken läßt. Jacobi will einem durch seine Beredsamkeit helfen den Sprung zu machen. Aber das ist ein Widerspruch und alles directe Antreiben hindert einen grade wirklich zu springen, da das Springen eben etwas Anderes ist als versichern, man habe es getan. Gesetzt Jacobi hätte den Sprung gemacht, und überrede nun durch seine Beredsamkeit einen Schüler springen, dann bekommt ja der Schüler ein directes Verhältniß zu Jacobi und kommt also nicht dazu selbst den Sprung zu machen. Das directe Verhältniß zu Menschen ist natürlich viel leichter, es befriedigt die Sympathie und den eignen Drang viel schneller und anscheinend zuverlässiger, man braucht nicht jene Dialectik der Unendlichkeit um sich selbst unendlich resignirt und unendlich begeistert in der Sympathie der Unendlichkeit zu bewahren, deren Geheimniß ist das Entsagen der Einbildung, daß irgend ein Mensch in seinem Gottesverhältniß nicht ebenso groß wäre wie der andere, und das Verständniß, daß der vermeintliche Lehrer ein Schüler ist, der auf sich selbst sieht, und daß alle Unterweisung ein frommer Scherz ist, weil jeder Mensch wesentlich von Gott gelehrt wird. Bei Lessing wünscht nun Jacobi bloß Gesellschaft im Springen; seine Beredsamkeit ist die des Verliebten, er ist in Lessing verliebt und deßhalb ist es ihm so wichtig Lessing mit zu bekommen. Man merkt hier gleich die dialectische Mißlichkeit: der Begeisterte, der für ewig Ueberzeugte fühlt Stärke und Kraft dazu, den Andern für seine Ueberzeugung zu gewinnen, d. h. er ist unsicher genug um die Zustimmung des Andern zu seiner begeisternden Ueberzeugung zu brauchen. Jacobi verstand nicht künstlerisch sich selbst in Zucht zu nehmen, daß er sich begnügt hätte existirend die Idee auszudrücken. Die Isolirung, welche grade im Sprunge ist, kann Jacobi nicht ertragen, er muß etwas verraten, er schäumt beständig über in jener Beredsamkeit, die an Nachdruck und Inhalt und lyrischem Sprudeln zuweilen mit Shakespeare rangirt, aber welche doch den Andern in ein directes Verhältniß zum Redner helfen will, oder welche hier in diesem Fall den Trost gewinnen will, daß Lessing mit ihm einig ist.

Nun weiter. Da also Jacobi mit Schrecken entdeckt, daß eigentlich Lessing Spinozist ist, da redet er aus seiner ganzen Ueberzeugung. Er will Lessing mit Sturm nehmen. Lessing antwortet (Jacobis S. W. 4. Bd. S. 74): „Gut, sehr gut! Ich kann das Alles auch gebrauchen; aber ich kann nicht dasselbe damit machen. Ueberhaupt gefällt mir ihr salto mortale gar nicht übel, und ich begreife, wie ein Mann von Kopf auf diese Art Kopfunter machen kann, um von der Stelle zu kommen; nehmen Sie mich mit, wenn es angeht." Hier sieht man vortrefflich Lessings Ironie, der vermutlich weiß, daß man allein dabei sein muß, wenn man springen soll, und auch allein sein um recht zu verstehen, daß jenes eine Unmöglichkeit ist. Man muß seine Urbanität und seine Vorliebe für Jacobi be=

wundern und die Kunst des Gesprächs, die so höflich sagt: „nehmen Sie mich mit — wenn es angeht". Jacobi sagt darauf: „Wenn Sie nur auf die elastische Stelle treten wollten, die mich fortschwingt, so geht es von selbst". Dies ist übrigens recht gut gesagt, doch ist es eine Uncorrectheit, daß er hier den Sprung zu etwas Objectiven machen will, und das Springen zu etwas Aehnlichem, wie z. B. das Finden des archimedischen Punktes. Das Gute bei der Antwort ist, daß er kein directes Verhältniß, keine directe Gemeinschaft im Sprunge haben will. Dann folgt Lessings letztes Wort: „Auch dazu gehört schon ein Sprung, den ich meinen alten Beinen und meinem schweren Kopfe nicht mehr zumuten darf." Hier ist Lessing ironisch mit Hilfe des Dialectischen, während die letzte Wendung ganz das sokratische Colorit hat - von seinen alten Beinen und schwerem Kopfe reden, wie von Essen und Trinken, Aerzten, Packeseln und dergleichen Dingen. Ungeachtet der Sprung, wie öfter bemerkt, eine Entscheidung ist, will doch Jacobi hier gleichsam einen Uebergang dazu bilden, er will mit Beredsamkeit Lessing locken: „es ist weiter nichts" sagt er „die Sache ist nicht so schwierig, Sie treten bloß auf die elastische Stelle — so geht es von selbst mit dem Sprunge". Das ist ein recht gutes Beispiel von dem frommen Truge der Beredsamkeit; es ist wie wenn Einer die Hinrichtung durch die Guillotine empfehlen wollte und sagte: „Das Ganze ist eine einfache Sache, Sie legen sich bloß auf ein Brett, dann wird bloß an einer Schnur gezogen, so fällt das Beil herunter — und Sie sind hingerichtet". Aber gesetzt, man wünschte nicht hingerichtet zu werden — und so mit dem Springen.

Wenn man ungeneigt zum Sprunge ist, so ungeneigt, daß diese Leidenschaft den Graben unendlich breit macht, so hilft die sinnreich erfundene Springmaschine gar nichts. Lessing sieht sehr gut, daß der Sprung als das Entscheidende qualitativ dialectisch ist und keinen allmähligen Uebergang gestattet. Seine Antwort ist daher ein Scherz. Sie ist nichts weniger als dogmatisch, sie ist dialectisch ganz richtig, persönlich ausweichend, und anstatt in rascher Fahrt die Vermittlung zu erfinden, bedient er sich seiner alten Beine und seines schweren Kopfes. Und das versteht sich, wer junge Beine und einen leichten Kopf hat, der kann leicht springen.

So rundet der psychologische Gegensatz zwischen Lessing und Jacobi sich ab. Lessing ruht in sich selbst; er fühlt keinen Drang zu Gemeinschaft, er parirt daher ironisch und entschlüpft Jacobi mit Hilfe seiner alten Beine, die nicht zum Mitspringen taugten, aber er will durchaus nicht beweisen, es sei kein Sprung. Jacobi dagegen sucht sich selbst trotz all seiner Begeisterung für Andere, und daß er so heftig Lessing zu überzeugen sucht, zeigt, daß er Lessing braucht.

Ueberhaupt geben die Verhandlungen zwischen Jacobi und Mendelssohn (durch Emilie Reimarus) über das Verhältniß Jacobis zu Lessing, eine Vorstellung davon, wie unerschöpflich Lessing in griechischer Heiterkeit mit dem von ihm sonst so hoch anerkannten Jacobi dialectisch scherzte. So erzählt Jacobi, daß Lessing einmal mit halbem Lächeln gesagt habe, er selbst wäre vielleicht das höchste Wesen und gegenwärtig in dem Zustand der äußersten Contraction. Was Wunder, daß Lessing für einen Pantheisten erklärt wurde. Und doch ist der Scherz so deutlich (obwol das Wort nicht lauter Scherz zu sein braucht) und besonders vortrefflich in einer spätern Hindeutung auf jenes Wort. Als er nämlich mit Jacobi bei Gleim war, und es während des Males zu regnen begann, was Gleim beklagte, weil sie nach Tisch in den Garten gehen wollten, da sagte Lessing (vermutlich wieder mit halbem Lächeln): „Jacobi, Sie wissen, das tue ich vielleicht".*)

Mendelssohn hat übrigens ganz richtig angegeben, daß der Sprung die lyrische Culmination des Denkens ist. Indem nämlich das Denken lyrisch über sich selbst hinaus will, ist es willig das Paradox zu entdecken. Dieses Ahnen ist die Einheit von Ernst und Scherz und auf diesem Punkte liegen alle christlichen Kategorien. Außerhalb dieses Punktes ist jede dogmatische Bestimmung ein Philosophem, das in Menschenherzen aufgekommen ist, und ist immanentes Denken. Das Letzte was menschliches Denken wollen kann, ist über sich hinaus wollen in das Paradoxe. Und das Christentum ist gerade das Paradoxe. — Mendelssohn sagt: „Zweifeln, ob es nicht etwas giebt, das nicht nur alle Begriffe übersteigt, sondern völlig außer dem Begriffe liegt, dieses nenne ich einen Sprung über sich selbst hinaus". Mendelssohn verbittet sich das natürlicher Weise und weiß weder Scherz noch Ernst damit zu machen.

Das Angeführte ist ungefähr, was sich über Lessings

---

*) Alles Denken drängt zu einem Undenkbaren; so stößt auch die Selbsterkenntniß auf ein Unbekanntes, das dem Verstande zunächst unter recht verwirrenden Möglichkeiten wählen läßt, wie ja bekanntlich Sokrates eingestand, er wisse nicht ob er ein sonderbares Ungeheuer sei als Typhon oder ein einfaches und einigermaßen göttliches Wesen (Phil. Bissen).

Verhältniß zum Sprunge sagen läßt. An sich selbst ist es nicht viel und es ist nicht gerade dialectisch deutlich, was er daraus hat machen wollen; ja es ist auch nicht deutlich, ob es nicht doch an jener Stelle in seinen Schriften eine pathetische Wendung im Stil ist und im Gespräch mit Jacobi socratisches Scherzen ist, oder ob diese beiden Gegensätze von demselben kategorischen Gedanken des Sprunges getragen werden. Für mich hat das Wenige, daß sich bei Lessing findet, seine Bedeutung gehabt. Ich habe „Furcht und Zittern von Joh. de silentio" gelesen, ehe ich diesen Band von Lessing las. Bei jener Schrift wurde ich aufmerksam, wie der Sprung nach Meinung des Verfassers als Entscheidung κατ' ἐξοχήν grade für das Christliche und für jede dogmatische Bestimmung entscheidend ist, die sich weder durch Schellings intellectuelle Anschauung noch durch Hegels Methode erreichen lassen, da der Sprung gerade der entscheidendste Protest gegen den inversen Gang der Methode ist. Alles Christentum liegt nach „Furcht und Zittern", ja es liegt in Furcht und Zittern (welches gerade die verzweifelten Kategorien des Christentums und des Sprunges sind) im Paradox, ob man nun es annimmt — als Gläubiger — oder es verwirft, grade weil es das Paradox ist. Als ich hinterher Lessing las, wurde mir die Sache zwar nicht klarer, denn es ist so sehr wenig was Lessing sagt, aber es war mir doch stets eine Aufmunterung, Lessing darauf aufmerksam zu sehen. Nur Schade, daß er nicht selbst diesen Gedanken hat verfolgen wollen.\*)

---

\*) Ebenso kann man bedauern, daß er im „Testament Johannis" nicht entwickelt hat, was es heißt: einander lieben. Möglich daß er vermocht hätte, die Prämissen des Johannes herauszubringen.

A. B.

Aber er hatte sich auch nicht mit der Vermittlung zu plagen, mit der göttlichen und vergotteten Vermittlung, welche Wunder tut und Menschen zur Speculation macht — und das Christentum verhext. Ehre sei der Vermittlung! Sie kann einem schon auch auf andere Weise helfen, wie sie vermutlich dem Verfasser von Furcht und Zittern geholfen hat, den verzweifelten Ausweg des Sprunges zu suchen, ackurat wie das Christentum ein verzweifelter Ausweg war als es in die Welt kam, und dies in alle Zeiten für jeden bleibt, der es wirklich annimmt. Einem feurigen und mutigen Roß kann es wol begegnen, daß es ein Mietpferd wird, das von jedem Pfuscher geritten wird, und so das Feuer und die stolze Haltung verliert — aber in der Welt des Geistes siegt die Albernheit niemals, sie verliert beständig und bleibt braußen.

Lessing hat gesagt: Wenn Gott in seiner Rechten alle Wahrheit, und in seiner Linken den einzigen immer regen Trieb nach Wahrheit, obschon mit dem Zusatze mich ewig und immer zu irren, verschlossen hielte, nud spräche zu mir: wähle! Ich fiele ihm mit Demuth in seine Linke und sagte: Vater, gieb! die reine Wahrheit ist ja doch nur für Dich allein! Damals, als Lessing diese Worte sagte, war das System vermutlich noch nicht fertig; ach, und nun ist er todt. Wenn er jetzt lebte, wo das System meistenteils fertig ist oder wenigstens in Arbeit ist und nächsten Sonntag fertig wird: glaube mir, Lessing hätte mit beiden Händen zugegriffen, er hätte nicht Zeit noch erlaubte Heiterkeit gehabt, um zum Scherz gleichsam „gerade oder ungerade" mit Gott zu spielen und im Ernst die linke Hand zu wählen. Aber das System hat auch mehr als Gott in seinen beiden Händen; bereits in diesem Augenblick hat es mehr, geschweige denn am Sonntag, wenn es ganz bestimmt fertig wird. Die Worte finden sich in einem kleinen Aufsatz (Eine Dupplik 1778) veranlaßt durch eines frommen Mannes Verteidigung der Auferstehungs=Geschichte gegen den Angriff in den von Lessing herausgegebenen Fragmenten. Es ist bekannt genug, daß man gar nicht klug daraus werden konnte, welches die Absicht Lessings bei der Herausgabe dieser Fragmente war. Selbst der brav studirte Hauptpastor Götze konnte nicht bestimmt sagen, welche Stelle in der Apokalypse auf Lessing paßte, ja in ihm erfüllt wurde. Insofern hat Lessing auf eine sonderbare Weise die Menschen genötigt, im Verhältniß zu ihm sein Princip anzunehmen. Während man sonst auch in jenen Zeiten Resultat und Fortschritt genug hatte, konnte man Lessing gar nicht ans Leben kommen, um ihn welthistorisch einzuschlachten und in einem § niederzulegen. Er war und blieb ein Rätsel. Will ihn Jemand nun wieder hervorrufen — er kommt nicht weiter mit ihm.

Hier nun zunächst eine Versicherung betreffs meiner geringen Person. Trotz Jedem bin ich willens vor dem System anbetend niederzufallen, wenn ich es bloß kann zu sehen bekommen. Bisher ist mir das nicht geglückt, und obschon ich junge Beine habe, bin ich doch von dem Rennen von Herodes zu Pilatus beinahe müde. Einige Male war ich ganz nahe am Anbeten; aber sieh, in dem Augenblick, wo ich bereits mein Taschentuch ausgebreitet hatte, um bei dem Kniefall meine Beinkleider nicht zu beschmutzen, wenn ich recht treuherzig zum letzten Mal zu einem der Eingeweihten sagte: sage mir nun aufrichtig, ist es auch ganz fertig, denn in diesem Fall will ich mich niederwerfen, selbst wenn ich ein Par Hosen verderben sollte (in Folge des vielen Verkehrs zu und von dem System ist nämlich der Weg nicht wenig schmutzig), so bekam ich immer die Antwort: nein, noch ist es wol nicht ganz fertig. Und so blieb es wieder aufgeschoben — das System und der Kniefall.

System und Abgeschlossenheit ist so ungefähr ein und dasselbe; wenn das System nicht fertig ist, so ist es auch kein System. Wenn es nicht ganz fertig ist, so ist es eine Hypothese, wogegen ein halbfertiges System Unsinn ist. Will Einer sagen: das ist nur ein Wortstreit, die Systematiker sagen ja selbst, das System sei nicht fertig, so wollte ich bloß fragen, warum nennen sie es ein System. Warum sind sie überhaupt zweizüngig? Wenn sie seinen Inbegriff vortragen, sagen sie nichts davon, daß Etwas mangelt. Sie veranlassen also die minder Kundigen anzunehmen, daß Alles fertig sei, sie müßten denn für Leser schreiben, die kundiger sind als sie selbst, was vermutlich den Systematikern undenkbar sein würde. Wird dagegen am Bau gerührt, so tritt der Bauherr vor. Er ist ein äußerst behaglicher Mann, höflich und freundlich gegen den Besuch, er sagt: ja, wir sind freilich noch im Bau, das System ist noch nicht ganz fertig. Wußte er das nicht vorher, wußte er es nicht als er die glückselig machende Einladung an alle Menschen ausgehen ließ? Aber wußte er es, warum sagte er es da nicht selbst, warum unterließ er es also nicht, das prästirte Fragment ein System zu nennen. Denn um es zu wiederholen, ein Fragment von einem System ist Unsinn. Ein fortgesetztes Streben nach einem System ist dagegen doch ein Streben, und ein Streben, ja ein fortgesetztes Streben ist es auch, wovon Lessing redet. Und doch wol nicht ein Streben nach nichts! Im Gegenteil, Lessing redet ja von einem Streben nach Wahrheit; und er braucht ein merkwürdiges Wort von diesem Triebe nach Wahrheit: den einzigen immer regen Trieb. Dies Wort „einzig" kann nicht gut anders verstanden werden als „unendlich", im selben Sinn als es höher ist einen einzigen Gedanken zu haben, als viele Gedanken. So reden sie ja beide, Lessing und der Systematiker von einem fortgesetzten Streben, nur ist der Unterschied der, daß Lessing dumm genug oder wahr genug ist, es ein fortgesetztes Streben zu nennen, während der Systematiker klug oder unwahr genug ist, es ein System zu nennen. Was würde man darüber in andern Verhältnissen urteilen? Als der Agent Behrend einen seidenen Schirm verloren hatte, annoncirte er den Verlust eines nankingnen Schirms, er dachte nämlich so: sage ich, es ist ein seidener Schirm, so wird der Finder leichter versucht, ihn zu behalten. Der Systematiker seinerseits denkt vielleicht so: nenne ich meine Leistung auf dem Titelblatt und in der Anzeige ein fortgesetztes Streben, ach, wer wird es dann kaufen oder mich bewundern; aber nenne ich es System, das absolute System, so wird jeder das System kaufen — wenn nur nicht der Uebelstand wäre, daß was der Systematiker verkauft, nicht das System ist.

## Zwischenbemerkungen.

Leider enthalten diese Aeußerungen über Lessing nichts von jenem Schauspiel, das von einigen Leuten wie ein Palladium unter Siegesfanfaren umhergetragen wird. Eine beträchtliche Menge läuft wie üblich der Musik nach, und der ganze Aufzug erregt andrerseits eine ziemlich beklommene Stimmung, die dann der arme Lessing ausbaden muß. Leider ist hier von diesem Schauspiel nicht die Rede; indessen kann doch vielleicht das Gesagte auch den Nathan in eine Beleuchtung stellen, die auf jene zuversichtlichen Schwärmer recht komische Streiflichter fallen läßt. Freilich wird ja dort gesagt, der Jude Nathan sei ein Christ, und noch dazu ein selten guter Christ, indessen kann man doch nicht gut beschwören, daß jener gewesene Reitknecht und derzeitige Klosterbruder, der dies versichert, wirklich Lessings Herzensmeinung ausspreche; denn Lessing steht für nichts. Er hat sich ja in Bezug auf den Nathan noch besonders dagegen verwahrt, wenn man „aus der Acht läßt, aus welchem Munde die Repliken kommen und die Personen für den Verfasser nimmt".

In der Fabel von den drei Ringen ist man ja längst aufmerksam geworden, daß Lessing schwerlich gedankenlos Bocaccios Fabel verändert habe, indem er den echten Ring dableiben läßt. Man kann in Folge dessen — wenn nämlich der Jude Nathan die geheimsten Gedanken Lessings ausplaudern sollte — annehmen, daß nach Lessings Meinung das Judentum die wahre Religion sei. Dagegen kann man auch auf die Vermutung kommen, der „Richter" sei in einem heimlichen Einverständniß mit Lessing, dieser

Richter, der die objective Ungewißheit hinsichtlich der Echtheit des Ringes aufstellt und sceptisch genug ist, alle objective Beweis-Aufnahme als zu nichts führend abzulehnen, dagegen meint, daß der **persönliche** Glaube den Selbst- und Tatbeweis für das Dasein des Ringes zu führen habe. Das ist nämlich eine Art zu urteilen, die sich, wenn ich nicht irre, auch bei Lessing findet und auch in ironischer Einkleidung.

Vor den angeführten Sätzen Lessings hat Joh. Climakus indeß auch noch einige **mögliche** Thesen von Lessing über die Mitteilungsform des subjectiven Denkers und über seine Existenzweise aufgestellt. Die -Stelle ist ziemlich schwierig zu übersetzen, wird auch durch spätere Stellen des Buches mehrfach ergänzt; ich gebe deßhalb hier nur einen kurzen Auszug, für den ich freilich weder Climakus noch Kierkegaard kann bürgen lassen.

Die, allgemeine Mitteilung der Menschen unter einander ist gänzlich unmittelbar, weil die Menschen im Allgemeinen unmittelbar sind. Wenn der Eine etwas vorträgt und der Andre sich wörtlich zu demselben bekennt, so nehmen sie an, daß sie einig sind, und einander verstanden haben. So gutmütig ist auch der objective Denker; er teilt ohne weiteres seine Resultate mit und redet noch eifrig zu, sie anzunehmen und abzuschreiben.

Das Mitteilen von Resultaten hat ja auch seine Gültigkeit, überall nämlich, wo es lediglich auf Resultate ankommt. Da ist es oft sehr dankenswert wenn Einem erspart wird, selbst auszuprobiren, was Andere gefunden haben. Aber wo es auf die persönliche Aneignung ankommt, auf das Wie des Verständnisses, da ist directe

Mitteilnng ein Betrug, denn da verleitet sie, das Facit abzuschreiben, das Resultat herzuleiern und sich einzubilden, man hätte es nun. Das Ethische und das Religiöse muß **nachgelebt** werden; es kann nicht einfach eingelernt, sondern muß erworben werden, ein selbstständiges Reproduciren ist hier die einzige Weise der Aneignung. So wissen im Grunde so gut wie Alle zu reden. Auch der objective Denker spricht so in einem besonderen Paragraphen. Zugleich widerspricht er sich indeß, indem er die Menschen auf alle Weise zur directen Annahme seiner Resultate zu bewegen sucht.*) Es hat eben für die Meisten etwas so Berauschendes, wenn Tausende und wo möglich Millionen dasselbe bekennen. Das hat etwas Berauschendes, aber wer nicht gleich ganz berauscht wird, sondern noch etwas nüchtern bleibt, der ahnt wol, daß all dergleichen Gott nicht imponirt, auch nicht den Engeln im Himmel. Denn geistlich angesehen, gilt nur die Innerlichkeit, oder: geistlich und göttlich wird nur darauf gesehen, wie es der Einzelne bei sich versteht, wie er glaubt oder bekennt, wie ernstlich, wie aufrichtig, in welchem Sinn. Ueberall daher wo es auf Innerlichkeit ankommt, hilft weder vorsprechen noch nachsprechen. Innerlichkeit kann nicht direct mitgeteilt werden und wahrhafte Aneignung ist nicht die directe Wiedergabe des Mitgeteilten, das ist Echo, sondern ist eine Wiedergabe bei der das Empfangene nicht sichtbar

---

*) O. Blumenthal u. A. spotten über die Bildungsphilister, welche sich in hohlem Bildungsdünkel im Handumdrehen die modernen Ideen „aneignen", ohne nur zu ahnen, welchen langen und schweren Gang die Männer des Unglaubens durchgemacht haben. Die in den Kategorieen sichere Ironie trifft aber am schärfsten den Verführer nicht den Verführten.

ist, wie bei Maria, da sie die Worte in ihrem Herzen verbarg. Doch auch das ist nicht der rechte Ausdruck für innerliche Aneignung zwischen Mensch und Mensch; sie verbarg die Worte wie einen Schatz in ihrem jungfräulichen Herzen — aber innerliche Aneignung ist, wenn das Gesagte dem Empfänger angehört, als wäre es sein Eigen, und es ist ja nun sein Eigen. Auf diese Weise mitzuteilen ist der schönste Triumph der resignirenden Innerlichkeit. Daher ist Keiner so resignirt wie Gott; denn er teilt schaffend so mit, daß er seinen Geschöpfen Selbstständigkeit giebt, auch sich selbst gegenüber. Für den Menschen ist die höchste Resignation die, daß er bei jedem Andern die gegebene Selbstständigkeit anerkennt, und nach seinem Vermögen Alles tut, sie bewahren zu helfen.

Die Apostel haben eine unbekannte Wahrheit zu verkünden, und wo die Wahrheit unbekannt ist, da hat directe Mitteilung ihre Gültigkeit.\*) Wenn dagegen die wesentliche Wahrheit als bekannt anzunehmen ist, dann gilt es auf innerliche Aneignung hinzuarbeiten, und das kann nur durch indirecte Form geschehen. Denn Aneignung geschieht nur durch Selbstwirksamkeit, aber diese wird durch Mitteilen von Resultaten und durch Ueberreden grade verhindert. Wer daher zu überreden versteht, wer das menschliche Herz kennt und geschickt ist zu überrumpeln oder langsam zu fangen, der soll erwägen ob er Solches brauchen

---

\*) Doch war auch nicht einmal die Verkündigung der Apostel ganz directe Mitteilung, weil ihre Erscheinung mit ihrem Range, ihr Unglück im Leben mit ihrer Botschaft von der Liebe Gottes in Widerspruch zu stehen schien — und der Herr redete bekanntlich Viel in Gleichnissen und nicht „frei heraus" (Joh. 16, 25).

darf um Anhänger zu gewinnen oder ob er es brauchen soll, um das directe Verhältniß zu verhindern und die Menschen auf eigene Füße zu stellen; denn die größte Wohltat, die ein Mensch dem Andern erweisen kann, ist ihm helfen, daß er zu sich selbst kommt, daß er allein steht — das heißt nämlich mit andern Worten: ihm zu einem persönlichen Verhältniß mit Gott helfen. Es gilt also alle Kunst und Selbstbeherrschung anzuwenden, um den Andern zu hindern, die Wahrheit als ein fertiges Resultat hinzunehmen, und ihn zugleich ins Streben zu bringen. Dazu dient die Doppel=Reflexion.

Durch die erste Reflexion gewinnt der Denker den rechten Ausdruck für seinen Gedanken, aber den teilt er nicht mit, denn zum wahren Verständniß dieses Ausdrucks gehört sein Weg, sein Suchen und Finden; darum sucht er in abermaliger Reflexion eine Form, eine Darstellung, welche den Andern veranlaßt, die Wahrheit durch Selbst= wirksamkeit bei sich zu verstehen und innerlich zu erfassen. Dazu gehört freilich viel mehr Kunst und Selbstbeherrschung als zu directer Mitteilung. Die Mitteilung muß resignirt und gehalten sein, und doch muß sie mehr Kraft haben zu bewegen, als die unmittelbare Begeisterung, denn sie soll zur Selbsttätigkeit begeistern — und zum selbst arbeiten sind die Menschen weit weniger geneigt, als zum bewundern und nachsprechen. Darum hat der subjective Denker auch Selbstverleugnung nötig, die auf Dank und Bewunderung verzichtet, auch den Schein der Lieblosigkeit nicht scheut, um in Wahrheit liebevoll zu handeln. In der Schule gilt es ja für egoistisch, wenn Einer das Vorsagen ver= weigert. Diese Anschauung scheinen nicht Wenige auch auf die Schule des Lebens zu übertragen, wo doch Gott der Examinator ist, der nicht getäuscht werden kann. Sie nennen den einen Egoisten, der ihnen die Selbstwirksamkeit nicht ersparen will, aber wer ihnen das Leben bequem macht und die strengen Gedanken fern hält, der dünkt ihnen liebenswürdig.

So viel Kunst und Selbstverleugnung zu üben, ist nicht Jedermanns Ding. Die Meisten, die etwas für Andere tun wollen, werden immer ihre Persönlichkeit in die Wagschale werfen, persönlich anziehen und beeinflussen wollen, und werden dafür geliebt werden. Aber das hindert doch nicht, daß man das Größere als das Größere anerkennt, und der Selbstverleugnung ihre Ehre und ihren Rang giebt.

Am Schluß der Aeußerungen über Lessing kam Climakus auf das Aufbauschen einer Hypothese zu einem System zu sprechen. In Kierkegaards Tagebüchern von 1846 wird das auf die Naturwissenschaft angewendet. Da heißt es unter anderm: „Ich will mir einen geistvollen Physiologen denken (denn diese wahren Schlachtergesellen, die meinen mit Hilfe des Messers und des Mikroskops Alles erklären zu können, sind mir widerwärtig), was tut er? Er gesteht zunächst ein, daß jeder Uebergang ein Sprung ist; daß er nicht erklären kann, wie ein Bewußtsein entsteht, oder wie das Bewußtsein von den Gegenständen zum Selbstbewußtsein, zum Gottesbewußtsein wird; er gesteht, daß er das eigentlich Constituirende, die Idee, nicht erklären kann, wie viel er auch vom Nervensystem erklärt. Ein geistreicher Physiolog gesteht, daß keine Ana=

logie zwischen Tier und Mensch ist, er gesteht kurz die qualitative Dialectik zu; er gesteht also, daß er eigentlich nichts erklären kann. Aber was nun? Er secirt, er mikroskopirt, er bringt ein so weit er kann. So wird das Wissen immer voluminöser und alle diese Volumina handeln von dem Vielen und sehr Merkwürdigen — welches doch das Wunder nicht erklären kann.

Laß uns Probleme nehmen wie Freiheit und Notwendigkeit. Da beginnt der Physiolog zu erklären, wie die Strömung des Blutes so und so influirt, und der Druck auf die Nerven so und so usw. usw. — zuletzt kann er doch die Freiheit nicht als Einbildung erklären. Er muß, wenn er seine 4 Foliobände voll von Zahlen und Merkwürdigkeiten geschrieben hat, sagen: aber zuletzt steht man verwundert vor dem Rätsel. Wozu dann all das Wissen? Heißt das nicht recht eigentlich die Menschen narren und sie in der Einbildung hinhalten, es werde doch noch einmal mit Hilfe noch stärkerer Mikroskope glücken zu entdecken, daß Alles eine Naturfunction und die Freiheit eine Einbildung sei, ja es werde wol gar glücken, die Notwendigkeit dieser Einbildung zu erklären. Aber grade dies, daß man mit dem vielen Wissen hingehalten wird, macht daß man den reinen ethischen Ausdruck verliert.

Und eben um solche bändereiche Wissenschaft werden zu können, wird die Physiologie sophistisch. Sie sagt: wol ist der Uebergang von der Bewußtlosigkeit zum Bewußtsein ein Wunder, aber er geschieht doch allmählig, nach und nach. Dialectisch ist das Sophistische leicht einzusehen; man fragt ja nicht ob es lange dauert oder kurz bis Etwas eintritt, sondern ob es als Wunder eintritt, wenn es eintritt. Hier ist die Sophistik; die ganze Wissenschaft ist eine Parenthese. Das Wunder ist weder größer noch kleiner weil es lange oder kurz gedauert hat, bis es eintrat. Man sieht, wie gut es daher in diese Wissenschaft paßt, wenn ein Arzt, der eine Geschichte des Trepanirens schrieb, diese Geschichte in zwei Teile brachte; der erste Teil handelte von der Zeit, da man es noch nicht kannte. — —

So erfährt man auch von dieser sophistischen Physiologie, „daß das Unbewußte der Schlüssel zur Erkenntniß des bewußten Seelenlebens sei." (Carus.) Aber wenn man den Uebergang vom Bewußtlosen zum Bewußtsein nicht erklären kann, was soll dann das mit dem Schlüssel heißen? Der Uebergang ist ja grade ein Sprung, den kein Schlüssel aufschließen kann. — So erfährt man daß besonders „das Gesetz des Geheimnisses" helfen soll — zum Erklären! Aber dies Gesetz kann doch wol nichts Anderes tun als grade das Wunder statuiren; was erklärt es dann? Dogmatisch läßt es sich wol verstehen, daß man erklärt: das Wunder ist eben das Wunder und läßt sich nicht verstehen; aber eine „exacte" Wissenschaft mag sich so nicht benehmen, die will daher lieber den Schein hervorrufen, als könnte sie nahezu oder meistenteils und so gut wie ganz — das Wunder erklären!"

Nun, zur Ehre der deutschen Wissenschaft kann ja gesagt werden, daß die geistvollen Forscher unter Vorgang du Bois-Reymonds jetzt auch in kurzen Broschüren die Grenzen ihrer Wissenschaft freimütig eingestehen und selbst jener betrügerischen Afterwissenschaft entgegentreten, welche den Unkundigen sehr unsichere Hypothesen als ausgemachte Wahrheit aufschwatzt. Dafür muß man ihnen wol auch zugestehen, daß sie erst Alles versuchen, um sich zu überzeugen, ob dies wirklich die Grenze ihrer Wissenschaft ist, ob sie wirklich bei der objectiven Ungewißheit angelangt sind. Darin zeigt sich freilich jene Ironie des Lebens, welche das Talent seinen Vorzug büßen läßt, indem es nur langsam und mühsam zu demselben kommt, wo der Unbegabte schnell ist. Aber sie mögen sich eilen, daß sie mit ihrem zögernden Kommen zur objectiven Ungewißheit nicht eine Beute der Ironie werden. Denn es lag doch wol berechtigte Ironie darin, als jener Spartaner fragte, wann benn der greise Xenokrates die Tugend brauchen wolle, nach der er noch im Alter suche. Und es wäre doch leicht möglich, daß es mit der Ungewißheit ebenso wäre wie mit der Tugend, daß es darauf ankäme sie möglichst bald zu brauchen. Ja, wäre sie nur das unerwünschte Ende, dann wäre das Säumen schon begreiflich, aber es ist doch recht anders, wenn sie ein neuer Ausgangspunkt ist, und wenn grade in ihrem Bereich die Lebensaufgabe des Menschen liegt.

In welcher Richtung man auch von einem Unzweifelhaften consequent fortschreitet, allemal kommt man bekanntlich zur Ungewißheit. So lange man sich fern von ihr hält, mag sie wie graue Lere aussehen; aber so ist es nicht. Das Reich der Ungewißheit ist unendlich reich an Lebensformen und Lebensinhalt. Hier ist in Auswahl was das Wissen zur Weltanschauung formt, hier sind die Gesichtspunkte um die eigne Existenz mit Bewußtsein zu durchbringen. Sie ist das Reich der Möglichkeiten und mindestens zwei Möglichkeiten begegnen dem, der an das Reich der Ungewißheit kommt und sagen: wähle! das heißt, an Stelle des Wissenschaftlichen tritt das Ethische; die Sache wird aus dem Aesthetischen und Intellectuellen in das Persönliche gespielt, sie wird persönlich gewendet. Ja wol, das hat im wissenschaftlichen Gebiet einen schlimmen Klang, wenn eine Sache persönlich gewendet wird — und mit Recht, denn das Wissen ist unpersönlich und soll unpersönlich mitgeteilt werden; auf seiner Höhe bringt es grade die entgegengesetzten Möglichkeiten ins Gleichgewicht, und nur wer sie so mitteilen kann, weiß Wissen mitzuteilen. Aber falls der Mensch eine Persönlichkeit sein soll, muß er doch wol dies unpersönliche, leidenschaftslose Wissen durchgeistigen und persönlich wenden. Darum ist es doch eine Vollkommenheit dieses Daseins, daß ein Gebiet da ist, wo die Persönlichkeit Raum bekommt, wo sie nicht hinter einer Sache zurücktreten, sondern wo sie voll und ganz eintreten muß. Und das muß sie hier. Denn die Möglichkeiten schließen sich zu entgegengesetzten Weltanschauungen zusammen, die sich an ein und dieselbe Tatsache anknüpfen, bei der man grade stehen blieb. Da gilt es zu wählen und immer wieder zu wählen, denn immer neue Kreuzwege kommen, und um so mehr, je entwickelter ein Denker ist. Man kann nicht die eine Weltanschauung beweisen oder sich beweisen lassen, man kann auch nicht eine Autorität als Brücke benutzen; im Reich der Ungewißheit versinken Beweis und Autorität, man muß sich selbst persönlich entscheiden; auf eigne Gefahr und auf eigne Verantwortung muß man die eine greifen und die andere verwerfen. Und wahrlich, das ist ein Turnplatz für die Persönlichkeit, auf dem ihre Kraft sich entwickelt. Climakus vergleicht es mit dem Wassertreten über einer Tiefe von 70,000 Faden. Will Jemand Etwas für den Andern tun, will er ihm helfen, daß er Mensch wird, ein selbstbewußtes Wesen, da führe er ihn zur Ungewißheit und zeige ihm, daß er seine Weltanschauung auf eigne Gefahr und eigne Verantwortung gewählt hat und festhält, und helfe ihm besonders, sich selbst in dieser Wahl zu verstehen.

Laß z. B. einen, der auf die materialistische Weltanschauung schwört, merken, daß er auf sein Risiko an sie glaubt und daß er auf seine Gefahr die andere Möglichkeit (von der Unsterblichkeit und dem Gericht) leugnet! Dann soll er wol mit dem bloßen Köhlerglauben an die Heiligen des Materialismus nicht auskommen, sondern soll wol eine beträchtliche Kraft brauchen, um seiner Weltanschauung zu leben, während er die andere Möglichkeit vor Augen hat — daß es ein Gericht giebt. Wählten ihn dann auch noch so Viele, so wäre wenigstens keine Gefahr, daß er die Menschheit versumpfe.

Heyse's „Kinder der Welt" protestiren freilich durch drei Bände hindurch dagegen, daß man ihnen „ihre Ueberzeugung ins Gewissen schiebe". Ob sie wol an die rettende Macht solcher Proteste glauben? Doch auch die Gegenpartei sieht es meist nicht gern, wenn in Bezug auf ihre Weltanschauung die objective Ungewißheit hervorgekehrt wird, und doch muß man nun einmal zuerst vor der eignen Tür fegen, wenn man Andern helfen will. Indeß muß sie es auch um ihrer selbst willen tun, denn wenn ohne Ungewißheit kein Glaube ist, und der Glaube es ist, der den Menschen zur geistigen Persönlichkeit macht, dann ist es doch wichtig die Ungewißheit in Kraft zu lassen, im

Einzelnen und im Ganzen. Um das Höchste zu nennen: die objective Ungewißheit ist doch vielleicht die rechte Form für das Gottesverhältniß. Sokrates empfiehlt ja das Gebet: Gieb uns o Gott das Gute, auch wenn wir nicht darum bitten und weigere uns das Böse, auch wenn wir darum bitten. Wie einer auch sonst über die Unwissenheit des Sokrates denken mag, in diesem Gebet findet er das Betonen der Ungewißheit doch wol an rechter Stelle — bei einem Heiden; und vielleicht fällt ihm dabei ein, daß wol auch der Christ gut tut, in Bezug auf alles Aeußere sich in Ungewißheit zu bewahren und dem bessern Wissen und Wollen Gottes Raum zu lassen. Vielleicht liegt indeß bei Sokrates, wie Kierkegaard meint, auch eine Ungewißheit über Gott und Gottes Gesinnung zu Grunde. Davon kann freilich für den nicht mehr die Rede sein, der die christliche Weltanschauung gewählt hat, also auf sie sein Leben gesetzt hat. Der hat, auf seine Gefahr, die Gnade Gottes in Jesus Christus zu seinem Grunde gemacht, und so lange er Glauben hält, ist ihm das ganz gewiß, ja das Gewisseste von Allem — aber gleichwol ist die Ungewißheit auch noch weiterhin da und muß bleiben. Sie wendet sich gegen ihn selbst; er ist sich seiner selbst nicht gewiß und wird dadurch in Spannung gehalten. Wenn dies nicht der Sinn des Wortes ist: „wer da stehet, der sehe zu, daß er nicht falle", dann dürfte es schwer sein, den Sinn dieses Wortes anzugeben.\*)

Um das Nächsthöchste zu nennen: auch im Verhältniß zum Nächsten muß wol die Ungewißheit bleiben. Als Sokrates

---

\*) Zwölf Reden von Sören Kierkegaard Nr. IV und VII.

einst mit seinen Schülern im Piräus saß und ein Schiff anlegen sah, sagte er: „es ist doch merkwürdig, daß der Capitän das Fahrgeld annimmt und so ruhig auf und abgeht, als hätte er etwas Gutes getan, während er doch nicht wissen kann, ob er den Passagieren genützt hat, oder ob es nicht besser für sie gewesen wäre, wenn sie im Mere ertrunken wären". Das klingt freilich ziemlich gefährlich; es klingt als sollte durch solche Wendung alles Handeln unmöglich gemacht werden. O ja, man kann sich dem Handeln auf recht verschiedene Weise entziehen, warum nicht auch mit Hilfe dieser Ungewißheit, ohne daß sie indeß eine Schuld trägt. Denn man kann ihr ja auch die Wendung geben, daß grade durch sie das ethische Handeln frei wird, frei von dem Schielen nach dem Erfolg, frei von dem Sehen auf den Ausgang. Davor bewahrt sie, wie nichts Anderes zu bewahren vermag; sie heftet den Blick auf das Entscheidende, darauf, daß wahr und fromm gehandelt werde, was auch daraus werden mag. Das ist nicht die Weise der Kirchenpolitiker, aber man kann solche Stellung doch immerhin als einen Gewinn anerkennen, auch wenn man diesen Gewinn noch nicht gemacht hat. — Doch genug von der Ungewißheit im Einzelnen.

Daß Glaube und Ungewißheit zusammengehören, ist seit Abrahams Wanderung ins unbekannte Land reichlich verkündigt, wenn auch seltener kategorisch festgehalten worden. Ebenso ist zur Genüge — in kirchenhistorischen Ueberblicken allerdings öfter als in selsorgerischem Verhältniß — ausgesprochen, daß die objective Gewißheit den Glauben erstickt. Als die Wirklichkeit des Christentums gleichsam gerichtlich constatirt und durch die Statsgewalt garantirt war, da wurde das persönliche Verhältniß zu Christus in ein intellectuelles Verhältniß verwandelt, in dem die Lehre wichtiger war als der Lehrer. Wer wüßte das nicht, wenn von todter Orthodoxie gesprochen wird, und wer wüßte es nicht psychologisch zu erklären. Wurde dagegen an jener gleichgiltigen objectiven Gewißheit gerüttelt, da wurde das persönliche Interesse wachgerufen und die Aufgabe gestellt: im Glauben die Wirklichkeit festzuhalten und durch den Glauben ihr Dasein zu beweisen. Nun ja, solches Rütteln ist meist durch Geärgerte geschehen, aber das ist auch nicht so gefährlich und sogar ganz nützlich, sofern sie das Glaubensverhältniß richtig stellen. Dann geben sie zu, nach dem Neuen Testament ist dies und das Christentum — und sagen: Darum will ich es nicht. Sie erliegen indeß dabei meist einer allerdings großen Versuchung. Haben sie das angeblich objectiv Gewisse glücklich wieder in die Ungewißheit gebracht, so denken sie, nun sind wir einmal im Zuge: laß uns gleich die Unmöglichkeit der Wunder beweisen, und was damit zusammenhängt. Das ist für sie nämlich viel begehrenswerter, als für den Gläubigen die objective Gewißheit. Denn wünscht der Glaube seinen Gegenstand objectiv gewiß zu machen, so ist's aus Bequemlichkeit; er will sich ruhen und nicht immer unter Waffen stehen. Aber der Unglaube sehnt sich ganz anders nach Unmöglichkeit. Denn der negative Entschluß verzehrt die Kraft mit der er gefaßt wurde und braucht immer neuen Zuschuß; so wird ihm das „Wenn" zu schwer, er kann es nicht aushalten — während der positive Entschluß im Gegenstand seiner Wahl Stärkung findet und nur die Begeisterung wachzuhalten hat. Man halte sie nur fest bei der persönlichen Entscheidung, so braucht man das Christentum nicht zu verteidigen; sie sollen wol genug zu tun haben sich selbst vor dem Christentum zu verteidigen.\*)

Heut liegt die Sache einfach genug. So gut wie Alle wissen, daß es sich um die Wirklichkeit des Neuen Testamentes handelt; daß diese nicht objectiv gewiß und ausgemacht ist. Bis zu den Confirmanden herunter sind die Einwendungen der negativen Kritik hindurchgedrungen. Autorität gilt nichts mehr, oder Autorität ist, wer Zweifel erhebt; ein liederlicher Kerl kann mit einem Worte die Versicherungen des ehrenhaftesten Pastors neutralisiren. Man weiß, daß die Echtheit der Evangelien, die Wunder und Selbstzeugnisse bestritten sind. So ist die Frage, was soll geschehen? Mancherlei Helfer bieten sich an. Da tritt z. B. die „christliche" Kunst mit beträchtlichem Selbstvertrauen auf den Kampfplatz. O gewiß, es giebt eine christliche Kunst, die soll sich sehen lassen, nämlich die Kunst: sich selbst verleugnen, Glauben halten, Liebe üben und sich von der Welt unbefleckt bewahren. Die ist der gute alte Beweis für die Wahrheit des Christentums und für das Dasein der Ewigkeit. Aber hier ist die Rede von etwas ganz Anderem; denn was sich selbst so stolz „christliche

---

\*) So wird das Christentum nicht herabgedrückt, und darauf kommt es an; unbedingter Erfolg dieses Verfahrens soll nicht behauptet werden. Man kann dem Stoße ausweichen. So sind z. B. die Freigemeindler gelehrt zu antworten: „wird der Unglaube verdammt, so trifft das sehr Viele, und was die ertragen, kann ich auch aushalten". Dies ist das übliche Deckung suchen in der „Menge", zugleich ein Merkmal, wie nötig K.'s Kategorie „Der Einzelne" ist.

Kunst" nennt, und woran man jetzt allein bei diesem Namen denkt, ist in der Tat etwas ganz Anderes. Nun, es ist wol erlaubt, Christi Bild in Oel- und Wasserfarben zu malen und es kann schmuck und ansprechend sein, wenn ihn die Liebe sich so vergegenwärtigen will, aber es muß mit dem innerlichen Eingeständniß geschehen, daß Er von dem Maler doch eigentlich nicht gemalt, sondern in des Malers persönlichem Leben dargestellt werden will. Mit solchem Eingeständniß ist die künstlerische Darstellung, die über das Symbolische hinausgeht, wol erlaubt.*) Aber wenn diese „christliche" Kunst helfend und rettend eingreifen will, dann wäre es doch interessant zu wissen, ob die Vertreter dieser Methode mit Bewußtsein die Aufmerksamkeit von der Hauptsache ablenken wollen, und ob sie das etwa tun, weil sie bezweifeln, daß sich der Angriff dort aushalten lasse. Daß man durch diese Kunst von der Hauptsache ablenkt, ist offenbar; man spielt die Sache in das Aesthetische und das Aesthetische ist gleichgiltig gegen die

---

*) So weit daher diese Kunst religiös sich selbst versteht, ist sie ein Kind des frommen Humors. Uebrigens haftet auch ihr selbst das Humoristische an, z. B. darin, daß das Künstlerische um so gleichgiltiger wird, je mehr das Religiöse betont wird. Wenn eine alte Frau fromm singt, so ist ihr Singen schmuck, auch wenn es gar nicht künstlerisch ist, und wenn ein Mann voll Liebe zu seinem Heiland ein Crucifix schnitzt, so ist es gleichgiltig ob es den Regeln der Aesthetik entspricht, auch für den Beschauer — wenn er religiös ist; es berührt wohltuend humoristisch. Der humoristische Widerspruch liegt darin, daß sich die Liebe so inadäquat äußert, denn alles Malen, Schnitzen Musiciren usw. ist ein sehr inadäquater Ausdruck für die Liebe zu Christus. Daneben haftet der Kunst, die das Religiöse darstellen will, auch noch dasselbe Komische an, wie dem Bilde das Siegfried darstellt in der Tarnkappe, die ihn u n s i c h t b a r macht. Denn das Religiöse ist wesentlich Innerlichkeit.

Wirklichkeit, wie schon Aristoteles entdeckt hat. Sicherlich kann man ästhetisch an Christus interessirt und in Poesie und Malerei durch sein Bild bewegt und ergriffen werden, wie vielleicht durch keinen tragischen Helden, wie vielleicht auch nicht durch Balder — aber das Aesthetische macht gleichgiltig gegen die Wirklichkeit und berechtigt zu der bekannten Disposition: „Ob 's wahr ist, weiß man nicht; das schadt auch nicht; und darum keine Feindschaft nicht". Wer Beweise verlangt, der denke bloß daran, wie alle Welt sich Engel und sogar Teufel in Kunst und Poesie gefallen läßt, während sie schon ärgerlich wird, wenn nur die Frage nach der Wirklichkeit aufgeworfen wird. — Aber wenn nun der Glaube grade das unendliche Interesse an der Wirklichkeit des Herrn Jesus Christus und Gottes in Christus ist? Aesthetisch und intellectuell ist man interessirt an einer gedachten Wirklichkeit, d. h. an einer Möglichkeit; ethisch ist man unendlich interessirt an seiner eigenen Wirklichkeit, d. h. an der Verwirklichung des Guten in der eignen Existenz; — wenn nun der Glaube unendlich an der Wirklichkeit Gottes in Christus interressirt ist? wenn nun das persönliche Verhältniß zu dem historischen Leben Jesu das Entscheidende ist? So führt ja die ästhetische Auffassung des Christentums vom Glauben ab! Ziehen die Vertreter der „christlichen" Kunst absichtlich so von der Frage nach der Wirklichkeit ab, da wäre interessant zu erfahren, ob sie es für besonders schlau halten, wenn sie erst in eine falsche Stellung zu Christus bringen. Es wäre doch möglich, daß es ein erheblicher Umweg wäre und gefährlich, weil man so leicht im Aesthetischen stecken bleibt.\*) Dasselbe kann natürlich eine gewisse Rhetorik verschulden.

Andere wollen die Zweifler wieder unter die Autorität beugen. Die bequemste Weise dafür ist, wenn die Stats= gewalt sagt; Beuge dich, oder —! Dazu ist in dieser Zeit wenig Aussicht, und wer davon das Heil erwartet, muß eigentlich verzweifeln, wenn es ihm anders ernst ist mit dem Heil, und er es nicht bloß wünscht, wie man zuweilen eine bessere Straßenbeleuchtung und andere An= nehmlichkeiten wünscht. Oder man versucht durch Beweise zu zwingen, indem man doch wieder eine objective Wahr= heit unwiderleglich und überwältigend hinzustellen sucht. Diese Mühe wollen die folgenden Stellen aus der „ab= schließenden Nachschrift" ersparen. Man kann gegen das Operiren mit Autorität — wohlverstanden wenn es sich

---

\*) Der Widerspruch gegen den Namen „christliche" Kunst ist daher keine Wortklauberei. Als ich in meinen Studentenjahren bei Prof. Jacobi Dogmengeschichte hörte, frappirte mich der Nachweis, wie die ärgsten Verwirrungen der Christenheit wiederholt durch falsche Benennung eingeleitet wurden, wie z. B. die Uebertragung des Wortes „Glaube" auf das Bekenntniß veranlaßte, daß man ein Jahrtausend lang vergaß, wie „Glauben haben" ein persönliches Lebensverhältniß zu Christus ist, nicht die objective Annahme einiger Sätze. Seitdem hat die vergleichende Mythologie reichliche Beispiele ganz erstaunlicher Verwirrungen aufgezeigt. Aber bei solchen Warnungen soll man doch gegen den Sprachgebrauch nicht gleichgiltig sein und die kirchliche Presse hätte da einen ernsten Beruf. Ich weiß wol, daß z. B. die ev. luth. K. Z. lieber „kirchliche" Kunst sagen will und daß D. Münkels Neues Zeitblatt auch hier in glücklicher Weise auf den rechten Gesichts- punkt hinweist — aber das sind seltene Stimmen und es wäre unter anderm auch Zeit, dem um sich greifenden Ausdruck „christliche Zwecke" entgegenzutreten. Wozu soll das führen, als dazu, daß man vergißt, wie das Christentum nur einen und einen absoluten Zweck hat. Man achte nur auf die Verbindungen, in denen der Ausdruck bereits erscheint.

um das Christentum handelt — bekanntlich einwenden, daß dabei bewußt oder unbewußt dem Christentum irdische Aufgaben gestellt werden, von denen der kein Wort gesagt hat, nach dem es seinen Namen trägt. Dann ist streng zu reden, wie das Kierkegaard anderwärts auch tut. So wird hier nicht geredet, sondern vorwiegend im Interesse eines dritten Weges, die Sache des Christentums zu führen, nämlich so, daß man die objective Ungewißheit — von der die Menschen nun doch eine Ahnung haben — zugesteht, und dadurch die Sache aus dem Intellectuellen und Aesthetischen in das Persönliche steuert, also das Christentum rein und klar zu einer Glaubenssache macht, indem man die Wahl mit ihrer persönlichen Verantwortung hervortreten läßt.

So verstehe ich die folgenden Ausführungen in Uebereinstimmung mit dem obigen Wort des Climakus, daß er — im Unterschied von Lessing — das Religiöse in seiner übernatürlichen Größe wolle hervortreten lassen.

# Das objective Problem
# von der Wahrheit des Christentums.

## Kap. 1.
## Die historische Betrachtung.

Wird das Christentum wie ein historisches Actenstück behandelt, so gilt es eine ganz zuverlässige Kunde von dem zu bekommen, was eigentlich die christliche Lehre ist. Wäre der Forscher an seinem Verhältniß zu dieser Wahrheit unendlich interessirt, so würde er gleich hier verzweifeln, denn es ist nichts leichter zu begreifen, als daß bei dem Historischen auch die größte Gewißheit nur eine an näher nde Gewißheit ist, und daß solche Annährung zu wenig ist, um seine Seligkeit darauf zu bauen, ja so ungleichartig mit einer ewigen Seligkeit, daß kein Facit herauskommen kann. Da indeß der Forscher nur historisch interessirt ist, so beginnt er mit der Arbeit, mit den ungeheuren Studien, zu denen er selbst neue Beiträge liefert bis in sein 70. Jahr; vierzehn Tage vor seinem Tode sieht er grade einer neuen Schrift entgegen, die über eine ganze Seite der Untersuchung neues Licht werfen soll Ein solcher objectiver Seelenzustand ist ein Epigramm über die Unruhe des unendlichen subjectiven Interesses, wenn nicht dieses ein Epigramm über ihn ist, der doch wol die Frage nach der Entscheidung seiner ewigen Seligkeit beantwortet haben müßte, und in jedem Fall um jeden Preis sein unendliches Interesse bis zum letzten Augenblick bewahren müßte.

Wenn nun historisch nach der Wahrheit des Christentums oder nach dem, was christliche Wahrheit ist und was nicht, gefragt wird, zeigt sich sofort die heilige Schrift als ein historisches Actenstück. Die historische Betrachtung hält sich daher zunächst an die Bibel.

## § 1.
### Die heilige Schrift.

Für die Forscher kommt es hier darauf an, sich die größt mögliche Zuverlässigkeit zu verschaffen; dagegen kommt es für mich nicht darauf an, Kenntnisse zu zeigen oder zu zeigen, daß ich keine habe. Für meine Erwägung ist es wichtiger, daß verstanden wird, wie man auch bei der erstaunlichsten Gelehrsamkeit und Ausdauer und wenn auch die Köpfe aller Kritiker auf einem Halse säßen, doch niemals weiter kommt als zu einer Annäherung und daß zwischen dieser und dem unendlichen persönlichen Interesse an seiner Seligkeit ein wesentliches Mißverhältniß ist.

Wenn die Schrift als die sichre Norm betrachtet wird, welche entscheidet, was christlich ist und was nicht, so gilt es die Schrift historisch-kritisch zu sichern.*)

---

*) Das Dialectische läßt sich nun einmal nicht ausschließen. Es kann geschehen, daß eine und vielleicht zwei Generationen hinleben in der Meinung, sie hätten ein Plankenwerk gefunden, welches das Ende der Welt und der Dialectik wäre. Das hilft nicht. So meinte man eine Zeit lang die Dialectik vom Glauben fernzuhalten, indem man sagte, seine Ueberzeugung sei in Kraft von Autorität. Der Gläubige sagte mit einer gewissen unbefangenen Freimüthigkeit: ich kann und soll auch darüber nicht Rede stehen können, denn ich ruhe im Vertrauen

Man behandelt da die Zugehörigkeit der einzelnen Schriften zum Kanon, ihre Authentie, Integrität, die Glaubwürdigkeit der Verfasser und man setzt eine dogmatische Garantie: die Inspiration. Denkt man an die Arbeit der Engländer am Tunnel, an die ungeheure Kraftanstrengung und wie ein kleiner Zufall für lange Zeit das Ganze stören kann — so bekommt man eine passende Vorstellung von diesem ganzen kritischen Verfahren. Welche Zeit, welcher Fleiß, welch herrliche Gaben, welch ausgezeichnete Kenntnisse sind hier von Geschlecht zu Geschlecht auf dieses Wunderwerk verwendet worden. Und doch kann hier plötzlich ein kleiner dialectischer Zweifel, der an den Voraussetzungen rührt, für lange Zeit das Ganze stören, den unterirdischen Weg zum Christentum stören, den man objectiv und wissenschaftlich anlegen wollte, statt das Problem: „subjectiv zu werden" in Geltung zu lassen. Man hört wol zuweilen, daß Unstudirte und Halbstudirte oder aufgeblasene Genies die kritischen Arbeiten an den alten Classikern verhöhnen; sie bespötteln die Sorge des gelehrten Forschers um das Unbedeutendste, während grade seine Ehre ist, daß er wissenschaftlich nichts für unbedeutend ansieht. Nein, die gelehrte Philologie ist ganz in ihrem Recht und ich hege gewiß trotz Jedem Ehrerbietung vor dem, was die Wissenschaft heiligt. Von der gelehrten kritischen Theologie bekommt man dagegen keinen reinen

---

auf die Autorität der Heiligen usw. Das ist eine Illusion, denn die Dialectik wendet sich bloß und fragt, was Autorität ist, und warum er diese als Autoritäten ansieht. Sie dialectisirt also nicht über den Glauben, den er im Vertrauen auf Jene hat, sondern über den Glauben, den er zu Jenen hat.

Eindruck. Ihr ganzes Streben leidet an einer gewissen bewußten oder unbewußten Zweideutigkeit. Es sieht immer aus, als sollte aus dieser Kritik plötzlich etwas für den Glauben herauskommen, etwas, was den Glauben angeht. Darin liegt die Mißlichkeit. Wenn ein Philologe z. B. eine Schrift von Cicero herausgiebt und dies mit großem Scharfsinn tut, wenn der gelehrte Apparat in schönem Gehorsam unter der Uebermacht des Geistes ist, wenn sein Ingenium, seine durch eisernen Fleiß erworbene Vertrautheit mit dem Altertum seinem entdeckenden Tact hilft, die Schwierigkeiten zu entfernen, den Weg des Gedankenganges durch die Verwirrung der Lesarten zu bahnen usw., so kann man sich ruhig der Bewunderung hingeben; denn wenn er fertig ist, so folgt daraus nichts Anderes, als das Bewundernswerte, daß durch seine Kunst und Tüchtigkeit die Schrift in der zuverlässigsten Gestalt zu Stande gebracht ist. Keineswegs dagegen, daß ich nun auf diese Schrift meine ewige Seligkeit bauen sollte, denn in Bezug auf meine ewige Seligkeit, ja ich gestehe es, ist sein erstaunlicher Scharfsinn mir zu wenig; ja ich gestehe es, meine Bewunderung für ihn würde nicht froh sondern mißmutig, wenn ich glaubte, er hätte etwas Solches im Sinn. Aber grade so macht es die gelehrte kritische Theologie; ist sie fertig, so schließt sie: also kannst du nun deine ewige Seligkeit auf diese Schriften bauen — und bis dahin hält sie uns in suspenso. Wer gläubig die Inspiration annimmt, der muß consequent jede kritische Erwägung, sie sei dafür oder dagegen, für eine Mißlichkeit, eine Art Anfechtung halten; soll sie ihm etwa zeigen, von welchen Büchern er die Inspiration glauben soll? Und wer ohne im Glauben zu sein sich in die kritischen Erwägungen hinauswagt, er kann doch unmöglich daraus die Inspiration erweisen wollen. Wen interessirt denn dann eigentlich das Ganze?

Doch man merkt den Widerspruch nicht, weil die Sache rein objectiv behandelt wird; und er ist auch nicht da, wenn der Forscher selbst vergißt, was er hinter den Ohren hat, außer wenn er sich selbst zuweilen dadurch lyrisch zu seiner Arbeit ermuntert, oder lyrisch mit Beredsamkeit polemisirt. Aber laß Einen mit unendlichem persönlichen Interesse seine ewige Seligkeit an dieses Resultat, an das erwartete Resultat knüpfen wollen: er sieht leicht, daß kein Resultat da ist und keins zu erwarten, und der Widerspruch wird ihn zur Verzweiflung treiben. Bloß Luthers Verwerfung des Jacobus-Briefes ist genug, ihn zur Verzweiflung zu bringen. In Bezug auf eine ewige Seligkeit und für das unendliche leidenschaftliche Interesse an ihr ist ein Punkt von Wichtigkeit, von unendlicher Wichtigkeit, oder umgekehrt: die Verzweiflung über den Widerspruch wird ihn grade lehren, daß man auf diesem Wege nicht vorbringen kann.

Und doch ist es so hingegangen. Eine Generation nach der andern ist ins Grab gegangen; Schwierigkeiten wurden besiegt und neue Schwierigkeiten kamen auf. Von Geschlecht zu Geschlecht ist wie ein Erbe die Illusion gegangen, die Methode sei die richtige, es sei den gelehrten Forschern nur noch nicht geglückt usw. Alle scheinen sich wol zu befinden. Sie werden Alle mehr und mehr objectiv. Die persönliche unendliche Interessirtheit (welche die Möglichkeit des Glaubens und danach Glauben, die

Form der ewigen Seligkeit und dann diese selbst ist) verschwindet mehr und mehr, weil die Entscheidung ausgesetzt wird, als sollte sie direct aus dem Resultat der Forscher sich ergeben. Das will sagen: das Problem kommt gar nicht zur Sprache; man ist zu objectiv um eine ewige Seligkeit zu haben, denn diese ist grade in der persönlichen Interessirtheit in Leidenschaft, und die giebt man grade auf um objectiv zu werden, die läßt man sich von der Objectivität ablocken. Durch die Geistlichen, die ab und zu etwas Gelehrsamkeit verraten, bekommt die Gemeinde eine Kunde davon. Die gläubige Gemeinde wird zuletzt eine Titulatur, denn die Gemeinde wird ja objectiv bloß dadurch, daß sie auf die Geistlichen sieht und einem ungeheuren Resultat entgegensieht usw. Nun stürzt ein Feind gegen das Christentum vor. Er ist dialectisch grade so unterrichtet wie die Forscher und die pfuschende Gemeinde. Er greift ein Buch der Bibel, eine Suite von Büchern an. Augenblicklich stürzt der gelehrte Rettungschor herbei usw. usw.

Wessel hat gesagt, er bleibe fern, wo Gedränge sei; so ist es auch nichts für einen splitternackten Dialectiker in solch gelehrtes Streiten zu geraten, wo es trotz alles Talentes und aller Gelehrsamkeit pro et contra doch in letzter Instanz nicht dialectisch ausgemacht ist, um was man streitet. Ist es ein rein philologischer Streit so sei Gelehrsamkeit und Talent mit Bewunderung geehrt, wie sie es verdienen, aber dann geht es den Glauben nichts an. Hat man etwas hinter den Ohren, so bringe man es vor, um es in aller dialectischen Ruhe durchzudenken. Wer in Rücksicht auf den Glauben die Bibel verfechtet, muß sich ja klar gemacht haben, ob aus seiner ganzen

Arbeit, wenn sie nach aller möglichen Erwartung glückte, etwas für den Glauben folgt, damit er nicht in der Arbeit wie in einer Parenthese sitzen bleibt, und über den gelehrten Schwierigkeiten das entscheidende, dialectische Claubatur vergesse. Wer angreift, muß sich ja ebenso deutlich gemacht haben, ob, wenn sein Angriff nach dem größtmöglichen Maße glückte, dann etwas anderes herauskäme als das philologische Resultat oder höchstens ein Sieg im Streit e concessis, worin man, wol zu merken, auf andere Weise Alles verlieren kann, wenn die gegenseitige Uebereinkunft ein Phantom ist.

Damit dem Dialectischen sein Recht geschehe und wir unverstört bloß die Gedanken denken, laß uns erst das Eine und dann das Andre annehmen.

Also ich nehme an, es glückte von der Bibel zu beweisen, was nur je ein gelehrter Theologe in seinem glücklichsten Augenblick von ihr zu beweisen wünschen konnte. Diese Bücher gehören zum Kanon, keine andern, sie sind authentisch, ganz, die Verfasser sind glaubwürdig — man kann gut sagen, es ist, als wäre jeder Buchstabe inspirirt (mehr kann man nicht sagen; denn die Inspiration ist ja Gegenstand des Glaubens, ist qualitativ-dialectisch, durch ein Quantitiren nicht zu erreichen). Ferner ist keine Spur von Widersprüchen in den heiligen Büchern. Denn laß uns hypothetisch vorsichtig sein; verlautet nur ein Wort von dergleichen, so führt einen die philologisch-kritische Ruhelosigkeit gleich auf Abwege. Ueberhaupt ist hier diätetische Vorsicht nötig, das Versagen jedes gelehrten Zwischensatzes, der eins, zwei, drei, zu einer hundertjährigen Parenthese werden könnte. Vielleicht ist das nicht so leicht, und wie ein Mensch in Gefahr ist, wo er auch sein mag, so ist die dialectische Entwicklung überall in Gefahr, in eine Parenthese zu geraten. Das gilt im Kleinen wie im Großen, und das macht die Disputationen im Allgemeinen so langweilig für Dritte, daß die Disputation bereits beim zweiten Anlauf in einer Parenthese ist und nun immer hitziger in dieser schiefen Richtung vom eigentlichen Gegenstand weg fortgesetzt wird. Man braucht es deßhalb als einen Fechterkniff, den Gegenpart etwas zu versuchen, um zu sehen, ob man einen dialectischen Parabeur vor sich hat, oder einen Parenthesen-Durchgänger, der in Galopp sfällt, sobald man an das Parenthetische kommt. Wie manches ganze Menschenleben ist nicht auf die Weise hingegangen, daß es sich von früher Jugend an fortgesetzt in einer Parenthese bewegt hat. Doch ich breche diese moralisirenden und auf das allgemeine Wohl zielenden Betrachtungen ab, womit ich etwas Ersatz für meine mangelnde historisch-kritische Tüchtigkeit zu geben suchte. Also angenommen, daß Alles hinsichtlich der heiligen Schrift in Richtigkeit ist — was dann? Ist dann, wer nicht Glauben hatte, dem Glauben einen einzigen Schritt näher gekommen? Nein, nicht einen einzigen. Denn der Glaube erwächst nicht direct aus einer wissenschaftlichen Erwägung, im Gegenteil man verliert in dieser Objectivität das unendliche persönliche Interesse, welches die Bedingung des Glaubens ist, das ubique et nusquam worin der Glaube entstehen kann. — Hat der, welcher Glauben hatte, etwas an Glaubens-Kraft und Stärke gewonnen? Nein, nicht das Mindeste, eher ist er in diesem weitläufigen Wissen, in dieser Gewißheit, die an der Tür des Glaubens lauert, so gefahrvoll gestellt, daß er viel Anstrengung, viel Furcht und Zittern brauchen wird, um nicht in der Anfechtung zu fallen und Glauben und Wissen zu verwechseln. Während der Glaube bisher in der Ungewißheit einen dienlichen Zuchtmeister gehabt hat, würde er in der Gewißheit seinen gefährlichsten Feind bekommen. Schwindet nämlich die Leidenschaft, so ist der Glaube nicht mehr da, und Gewißheit und Leidenschaft vertragen sich nicht. Laß eine Parallele dies beleuchten. Wer glaubt, daß ein Gott da ist und eine Vorsehung, kann diesen Glauben leichter in einer unvollkommenen Welt bewahren, wo die Leidenschaft wach gehalten wird, als in einer absolut vollkommenen Welt. In der ist nämlich der Glaube undenkbar. Daher wird auch gelehrt, daß der Glaube in der Ewigkeit abgeschafft ist. — Welches Glück da, daß diese erwünschte Hypothese, der schönste Wunsch der kritischen Theologie eine Unmöglichkeit ist, weil selbst die vollkommenste Verwirklichung doch nur eine Annäherung bleiben wird. Und wieder welches Glück für die Männer der Wissenschaft, daß der Fehler keineswegs bei ihnen liegt! Wenn alle Engel sich zusammenschlügen, sie könnten doch nur eine Annäherung zu Stande bringen, weil in Bezug auf historisches Wissen eine Annäherung die einzige Gewißheit ist — aber auch zu wenig, um darauf eine ewige Seligkeit zu bauen.

So nehme ich das Gegenteil an, daß es den Feinden glückte von der Schrift zu beweisen, was sie wünschen, und so, daß es die hitzigsten Wünsche der giftigsten Feinde übertrifft — — was dann? Hat der Feind damit das Christentum abgeschafft? Keineswegs. Hat er den Gläubigen geschadet? Keineswegs, nicht das Mindeste. Hat er sich selbst frei gemacht von der Verantwortung, daß er nicht glaubt? Keineswegs. Weil nämlich diese Bücher nicht von diesen Verfassern, nicht authentisch, nicht unverfälscht, nicht inspirirt sind (dies kann jedoch nicht widerlegt werden, da es Gegenstand des Glaubens ist), daraus folgt ja nicht, daß diese Verfasser nicht da gewesen wären, und vor allem nicht, daß Christus nicht dagewesen sei. Insofern steht es dem Gläubigen noch ebenso frei es anzunehmen, ebenso frei, laß uns das wol beachten; denn wenn er es auf Grund eines Beweises annähme, wäre er auf dem Sprunge den Glauben aufzugeben. Kommt es jemals so weit, so wird der Gläubige immer einige Schuld haben, insofern er den Unglauben eingeladen und ihm den Sieg in die Hände gespielt hat, indem er selbst beweisen wollte. Hier steckt der Knoten und ich komme wieder zurück zu der gelehrten Theologie. Um wessen willen wird der Beweis geführt? Der Glaube braucht ihn nicht, ja er muß ihn sogar für seinen Feind ansehen. Dagegen wenn der Glaube sich seiner selbst zu schämen beginnt, wie eine Verlobte, die im Geheimen sich des Geliebten schämt und deßhalb verlangt, daß er sich auszeichnen soll, wenn also der Glaube beginnt die Leidenschaft zu verlieren, also aufhört Glaube zu sein, da tut der Beweis not, um bürgerliche Achtung bei dem Unglauben zu genießen. Was auf diesem Punkte durch Verwechslung der Kategorieen an rhetorischen Dummheiten von geistlichen Rednern prästirt ist, ach, laß uns davon nicht reden. Die Glaubens=Eitelkeit (ein moderner Ersatz — wie können die glauben, welche Ehre von einander nehmen, Joh. 5, 44) will und kann natürlicherweise das Martyrium des Glaubens nicht tragen, und ein eigentlich gläubiger Vortrag ist vielleicht in diesem Augenblick der Vortrag, der am seltensten in Europa gehört wird. Die Speculation hat Alles, Alles, Alles verstanden. Der geistliche Redner hält doch etwas zurück, er gesteht, daß er noch nicht Alles verstanden hat, daß er strebt (armer Bursch, das ist eine Verwechslung der Kategorieen!). „Ob Einer ist, der Alles verstanden hat" sagt er „so gestehe ich" (ach, er ist beschämt und merkt nicht, daß er Jronie brauchen sollte) „daß ich es nicht verstanden habe, daß ich nicht Alles beweisen kann; und wir Geringeren" (ach, er fühlt seine Geringheit an sehr unrichtiger Stelle) „müssen uns mit dem Glauben begnügen." Arme verkannte höchste Leidenschaft, Glaube! daß du dich mit einem solchen Vertheidiger begnügen mußt; armer geistlicher Bursch, daß du gar nicht weißt, wovon die Rede ist! Armer wissenschaftlicher Stümper, der nicht recht mit der Wissenschaft fortkommen kann, aber welcher statt dessen den Glauben hat, den Glauben, der Fischer zu Aposteln machte, den Glauben der Berge versetzen kann, wenn man ihn hat!

Wenn die Sache objectiv behandelt wird, kommt das Subject nicht in Leidenschaft vor die Entscheidung zu stehen, am wenigsten unendlich interessirt in Leidenschaft. Es ist ein Selbstwiderspruch und daher komisch, wenn man an Etwas unendlich interessirt sein will, was immer nur eine Annäherung bleibt. Tritt doch die Leidenschaft hinzu, so entsteht Zelotismus. Für die unendlich interessirte Leidenschaft hat jeder Strich unendlichen Wert. Der Fehler liegt nicht in der Leidenschaft, sondern darin daß ihr Gegenstand ein Annäherungs=Gegenstand ist.

Die objective Betrachtung besteht von Geschlecht zu

Geschlecht grade dadurch, daß die Betrachter mehr und mehr objectiv werden, immer weniger unendlich leidenschaftlich interessirt. Wenn man auf diesem Wege bliebe, daß man solche Beweise für die Wahrheit des Christentums suchte, so würde zuletzt das Merkwürdige eintreten, daß grade wenn man mit dem Beweise für seine Wahrheit fertig wäre, dann das Christentum gar nicht mehr etwas Gegenwärtiges wäre; es wäre in dem Grade etwas Historisches geworden, daß es etwas Vergangenes wäre, dessen Wahrheit, nämlich dessen historische Wahrheit nun zur Zuverlässigkeit gebracht wäre. Auf diese Weise könnte die bekümmerte Prophetie in Luc. 18, 8 in Erfüllung gehen: Doch, wenn des Menschen Sohn kommen wird, ob er wol Glauben finden wird auf Erden?

Je mehr der Betrachter objectiv wird, um so weniger baut er seine ewige Seligkeit auf sein Verhältniß zu der Betrachtung; denn von einer ewigen Seligkeit ist nur die Rede für die in Leidenschaft unendlich interessirte Subjectivität. Objectiv versteht sich der Betrachter (er sei nun forschender Gelehrter oder ein pfuschendes Gemeindeglied) in folgender Abschiedsrede an der Grenze des Lebens: Da ich jung war, bezweifelte man die und die Bücher; nun hat man ihre Echtheit bewiesen, aber dann hat man freilich wieder in der letzten Zeit Zweifel an einigen Büchern erhoben, die man früher niemals bezweifelt hatte. Aber es wird gewiß noch ein Gelehrter kommen usw.

Die bescheidene objective Subjectivität hält sich mit applaudirendem Heroismus draußen; sie steht zu Diensten die Wahrheit anzunehmen, so bald sie zu Stande gebracht ist. Doch es ist ein fernes Ziel (unleugbar, denn diese

Annäherung kann bleiben so lange man will) — und während das Gras grünt, stirbt der Betrachter, ruhig, denn er war objectiv. O, du nicht umsonst gepriesene Objectivität, du vermagst Alles, auch nicht der Gläubigste war seiner Seligkeit so gewiß, und vor allem so gewiß sie nicht zu verlieren, wie der Objective! Es müßte denn sein, daß diese Objectivität und Bescheidenheit an der unrechten Stelle wäre und unchristlich wäre. Dann wäre es ja allerdings bedenklich auf diese Weise zur Wahrheit des Christentums zu kommen. Das Christentum ist Geist, Geist ist Innerlichkeit, Innerlichkeit ist Subjectivität, Subjectivität ist im wesentlichen Leidenschaft, in ihrem Maximum unendlich persönlich interessirte Leidenschaft für ihre ewige Seligkeit.

Sobald man die Subjectivität fortnimmt, und von der Subjectivität die Leidenschaft, und von der Leidenschaft das unendliche Interesse, so ist überhaupt gar keine Entscheidung, weder in diesem noch in einem andern Problem. Alle Entscheidung, alle wesentliche Entscheidung liegt in der Subjectivität. Der Objective hat auf keinem Punkte einen unendlichen Drang zu einer Entscheidung und sieht sie auf keinem Punkte. Dies ist das Falsum der Objectivität und die Bedeutung der Vermittlung als Durchgang im fortgesetzten Proceß, worin nichts besteht und worin auch nichts unendlich entschieden ist, weil die Bewegung in sich selbst zurückkehrt, und eine Chimäre ist. Objectiv verstanden ist überall Resultat genug, aber nirgends ein entscheidendes Resultat, was auch ganz in seiner Ordnung ist, grade weil die Entscheidung in der Subjectivität liegt, wesentlich in der Leidenschaft, am höchsten in der für ihre ewige Seligkeit unendlich interessirten persönlichen Leidenschaft.

### §. 2.
### Von der Kirche.

Die Schutzwehr der katholischen Kirche gegen das Eindringen der Dialectik, welche sie in der sichtbaren Gegenwart des Papstes zu haben glaubt, wollen wir hier bei Seite lassen.*) Aber auch innerhalb des Protestantismus hat man nach der Kirche gegriffen, nachdem man die Bibel als den festen Halt aufgegeben. Obschon noch Angriffe auf die Bibel gemacht werden, obschon sie die gelehrten Theologen noch linguistisch und kritisch verteidigen, ist doch dies ganze Verfahren zum Teil antiquirt, und besonders hat man nicht die entscheidenden Schlüsse hinter den Ohren hinsichtlich des Glaubens, grade weil man mehr und mehr objectiv wird. Der Buchstaben-Zelotismus, der doch Leidenschaft hatte, ist verschwunden. Das Verdienstlichste bei ihm war, daß er Leidenschaft hatte. In einem andern Sinn war er komisch, und gleichwie die Ritterzeit

---

*) Eine Bequemlichkeit im Menschen und auch ein gewisser bekümmerter Drang, sucht immer Etwas so festzustellen, daß es die Dialectik ausschließe; aber das ist Feigheit und Falschheit gegen Gott, und ist Beschränktheit und Aberglaube. Es sei, was es sei, ein Wort, ein Satz, ein Mann, eine Gemeinschaft — selbst das Gewisseste von Allem, eine Offenbarung, wird eo ipso dialectisch, wenn ich sie mir aneignen soll; selbst das Festeste von Allem, der unendliche negative Entschluß, welcher die unendliche Form für das Sein Gottes im Menschen ist, wird strats dialectisch. Sobald ich das Dialectische wegnehme, bin ich abergläubisch und betrüge Gott um das immer neue angestrengte Erwerben, des einmal Erworbenen. Dagegen ist es weit behaglicher, objectiv und abergläubisch zu sein.

eigentlich mit Don Quixote schloß (denn die komische Auffassung ist immer die abschließende) so könnte es ein Dichter noch deutlich machen, daß es mit der Buchstaben-Theologie vorbei ist, indem er einen solchen unglücklichen Buchstaben-Knecht in seiner tragikomischen Romantik komisch verewigte; denn überall wo eine Leidenschaft ist, ist auch Romantik, und wer Sinn für Leidenschaft hat und nicht bloß auswendig gelernt hat, was Poesie ist, der wird in einer solchen Figur eine schöne Schwärmerei sehen, gleichwie wenn ein liebendes Mädchen die Buchstaben in dem Briefe zählt, den „er" ihr geschrieben hat; aber da würde er zugleich das Komische sehen. — Ueber eine solche Figur würde schon gelacht werden; eine andere Frage ist, mit welchem Rechte man darüber lachte, denn daß die ganze Zeit leidenschaftslos geworden ist, giebt keine Berechtigung zum Lachen. Das Lächerliche bei dem Zeloten lag darin, daß seine unendliche Leidenschaft sich auf einen verkehrten Gegenstand (einen Aproximations-Gegenstand) warf, aber das Gute an ihm war, daß er Leidenschaft hatte.

Die Wendung der Sache, daß man die Bibel aufgiebt und nach der Kirche greift, ist sogar eine dänische Idee. Inzwischen will es mir nicht glücken, aus Patriotismus zu jubeln über diese „maßlose Entdeckung" (dies ist der officielle Titel dieser Idee bei den genialen Herren Erfindern und Bewunderern), noch auch könnte ich es wünschenswert finden, wenn die Regierung für das ganze Volk ein te deum zur frommen Danksagung für die „maßlose Entdeckung" anordnete. Es ist besser, und fällt mir wenigstens unbeschreiblich leicht, Grundtvig behalten zu lassen, was sein ist, die maßlose Entdeckung. Wol wurde zu seiner Zeit, besonders da eine ähnliche kleine Bewegung in Deutschland mit Delbrück usw. begann, davon gemunkelt, daß Grundtvig diese Ide eigentlich Lessing verdankte, doch ohne ihm das Maßlose darin zu schulden, so daß Grundtvigs Verdienst wäre, daß er eine mit sinnreicher Klugheit, mit seltener skeptischer Erfahrenheit, mit seiner Dialectik problematisch hingestellte kleine socratische Frage in eine ewige, maßlose, welthistorische, absolute, himmelschreiende und sonnenklare Wahrheit verwandelt habe. Aber auch abgesehen davon, daß die maßlose Entdeckung in ihrer maßlosen Absolutheit das unverkennbare Gepräge grundtvigscher Ursprünglichkeit hat, würde es immer noch eine Ungerechtigkeit sein, zu sagen, daß sie von Lessing entlehnt wäre, da in all dem Grundtvigschem nicht das Mindeste ist, was an Lessing erinnert, oder was der Großmeister des Verstandes ohne maßlose Resignation als sein Eigentum beanspruchen könnte. Hätte man gesagt, daß der kluge, dialectische Mag. Lindberg, der Generalprokurator und Verteidiger der maßlosen Entdeckung Lessing etwas schuldete: das ließe sich hören. In jedem Fall schuldet die Entdeckung Lindbergs Talent viel, insofern sie durch ihn Form bekam, in dialectische Haltung gebracht, weniger hiatisch, weniger maßlos wurde — und zugänglicher für den gesunden Menschenverstand.

Das hatte Grundtvig richtig eingesehen, daß die Bibel dem eindringenden Zweifel unmöglich Stand halten kann, aber er hatte nicht eingesehen, daß der Grund war, daß Beides, der Angriff und die Verteidigung sich in einem Aproximiren bewegten, das in seinem ewig fortgesetzten Streben nicht dialectisch ist für eine unendliche Entscheidung, auf die man eine ewige Seligkeit baut. Da er hierauf nicht dialectisch aufmerksam war, so hätte es ein reiner Glückswurf sein müssen, wenn er aus den Voraussetzungen herausgekommen wäre, innerhalb deren die Bibeltheorie ihre großen Verdienste und ihre ehrwürdige wissenschaftliche Bedeutung hat. Scheltworte gegen die Bibel, womit Grundtvig wirklich zu seiner Zeit die ältern Lutheraner ärgerte, Scheltworte und Machtworte statt der Gedanken können natürlich nur Anbeter befriedigen, aber diese natürlich außerordentlich; jeder Andre sieht leicht: wenn in der lärmenden Rede der Gedanke fehlt, so ist es eben nur Gedankenlosigkeit, die sich in der Leichtfertigkeit des Ausdrucks gehen läßt.\*)

Wie früher die Bibel objectiv entscheiden sollte, was das Christliche sei und was nicht, so soll nun die Kirche der sichere objective Anhalt sein. Näher bestimmt ist es wieder das lebendige Wort in der Kirche, das Glaubensbekenntniß, und das Wort bei den Sakramenten.

Zunächst ist klar, daß das Problem objectiv behandelt wird. Die bescheidene, unmittelbare, gänzlich unreflectirte Subjectivität hält sich naiv überzeugt, daß wenn nur die objective Wahrheit feststehe, so könne sie fix und fertig einziehen. Hier sieht man gleich die Jugendlichkeit (deren

---

\*) Die scharfen Wendungen gegen Grundtvig sind hier meist weggelassen, weil die dazu nötige Kenntniß Grundtvigs nicht vorausgesetzt werden kann, wenn auch kürzlich zwei Vorträge über Grundtvig von Prof. Kaftan erschienen sind. Eine Verteidigung Grundtvigs und der Versuch einer Versöhnung mit Kierkegaard findet sich bei Jungersen: Dansk Protestantisme (Kopenhagen, Schönberg), der aber übersieht, daß Kierkegaard nicht bloß nach Gewißheit fragen lehrt, sondern sie aufzeigt in der Glaubensgewißheit.     A. B.

sich ja der alte Grundtvig auch rühmt), die keine Ahnung hat von jener versteckten kleinen sokratischen Heimlichkeit, daß der Knoten grade im subjectiven Verhältniß steckt. Falls die Wahrheit Geist ist, so ist die Wahrheit Verinnerlichung und nicht ein unmittelbares und höchst ungenirtes Verhältniß des unmittelbaren Geistes zu einer Summe von Lehrsätzen, mag man diese auch zu neuer Verwirrung mit dem entscheidendsten Ausdruck der Subjectivität: „Glauben" nennen. Die Richtung der Unreflectirtheit ist beständig nach außen, ein Streben nach dem Objectiven; die sokratische Heimlichkeit ist, daß die Bewegung nach innen geht, daß die Wahrheit die Verwandlung des Subjects in sich selbst ist, und dies ist im Christentum nur durch eine unendlich tiefere Innerlichkeit verdrängt — sonst wäre ja auch das Christentum ein ungeheurer Rückschritt. Das Studium der griechischen Skepsis wäre sehr zu empfehlen; da lernt man vortrefflich, wozu freilich Zeit und Uebung und Zucht gehört, daß die sinnliche Gewißheit, geschweige denn die historische Gewißheit nur Ungewißheit, nur Approximation ist.

Die erste Schwierigkeit bei der Bibel ist, daß sie ein historisches Actenstück ist, und soll sie der objective Halt sein, so giebt es nur Annäherung. Denn das neue Testament ist etwas Vergangenes und so in strengerem Sinn historisch. Diese Schwierigkeit scheint nun bei der Kirche gehoben, denn sie ist ja etwas Gegenwärtiges.

Auf diesem Punkte hat Grundtvigs Theorie Verdienste. Besonders hat Lindberg mit tüchtigem juristischem Scharfsinn entwickelt, daß die Kirche all der Beweise nicht bedarf, die für die Bibel nötig waren. Einen Beweis für ihr Dasein fordern, sagt Lindberg mit Recht, ist Unsinn, gleichwie wenn man von einem lebenden Menschen forderte, daß er sein Dasein beweise.

Die Kirche ist also da, und von ihr als der gegenwärtigen kann man zu wissen bekommen, was das wesentlich Christliche ist; denn es ist das, was die Kirche bekennt.

Richtig. Aber auf diesem Punkte hat auch Lindberg die Sache nicht halten können. Nachdem nämlich von der Kirche gesagt ist, daß sie da ist, und daß man bei ihr erfahren kann, was das Christliche ist, wird dann wieder von dieser gegenwärtigen Kirche gesagt, daß sie die apostolische sei, daß sie als dieselbe durch achtzehn Jahrhunderte bestanden habe. Es handelt sich also nicht bloß um die gegenwärtige Kirche sondern um ihre Vergangenheit, also um eine Geschichtlichkeit ganz wie bei der Bibel. Nun ist alles Verdienst weg. Nur das gleichzeitige Dasein ist höher als der Beweis, jede Bestimmung aus der Vergangenheit fordert den Beweis. Sagt Jemand zu einem Mann: beweise, daß du da bist, so antwortet der ganz richtig: das ist Unsinn. Sagt dagegen Einer: ich, der ich jetzt bin, bin seit mehr als 400 Jahren wesentlich derselbe, so sagt der Andere mit Recht: hier ist ein Beweis nötig. Daß ein solcher alter Dialectiker wie Lindberg, der grade versteht eine Sache auf die Spitze zu stellen, dies nicht bemerkt hat, ist wunderlich.

So wie man mit Hilfe des lebenden Wortes die Continuität betont, ist die Sache ganz auf derselben Stelle, wo sie in der Bibeltheorie auch war. Die Einwendungen ziehen mit wie der Kobold im Märchen. Laß nur die Kirchentheorie den Angriff aushalten, wie es die Bibel mußte, laß alle Einwendungen ihr nach dem Leben trachten, was dann? So wird hier ganz consequent eine Einleitungswissenschaft notwendig, welche die Ursprünglichkeit des Glaubensbekenntnisses und seine gleichmäßige Bedeutung durch alle 18 Jahrhunderte hindurch beweist; da wird aus alten Büchern viel Staub aufwirbeln und die kritische Arbeit wird auf Schwierigkeiten stoßen, welche die Bibeltheorie gar nicht kannte. Das lebende Wort hilft nicht, wenn es auch nichts hilft, dies Grundtvig auseinanderzusetzen. Das lebende Wort verkündet das Dasein der Kirche. Richtig, das kann Satan selbst einem nicht nehmen. Aber das lebende Wort verkündet nicht, daß diese Kirche 18 Jahrhunderte dagewesen ist, daß sie wesentlich dieselbe ist, daß sie gänzlich unverändert geblieben ist usw.; das kann ein dialectischer Jüngling einsehen.

Grade Magister Lindberg, der ein zu klarer Kopf ist, um bloß Jahr aus Jahr ein Allarm schlagen zu mögen, hat der Sache diese Wendung gegeben. Als einst gestritten wurde ob es richtiger wäre zu sagen: „ich glaube eine christliche Kirche" oder „daß eine christliche Kirche ist", nahm er selbst seine Zuflucht zu alten Büchern, um zu beweisen, wann die verkehrte Lesart aufgekommen.

Auf diese Weise beginnt wieder das Arbeiten nach annähernder Gewißheit; die Parenthese ist geöffnet und sie hat die merkwürdige Eigenschaft, daß sie dauern kann, so lange es sein soll, denn es ist und bleibt annähernde Gewißheit. *)

Was gelegentlich von dem Vorzug des Glaubens-

---

*) In dieser Richtung hat bekanntlich seitdem besonders Caspari die Theorie Grundtvigs angegriffen. A. B.

bekenntnisses vor der Bibel als Schutzwehr gegen Angriffe gesagt worden ist, ist ziemlich dunkel. Daß das Glaubens= bekenntniß einige kurze Sätze sind, während die Bibel ein großes Buch ist, das ist ein illusorischer Trost. Die An= griffe brauchen sich nur gegen das Glaubensbekenntniß zu richten, so ist alles in vollem Gange. Können sich die Leugner der Persönlichkeit des heiligen Geistes exegetisch am neuen Testament versuchen, so können sie sich ja ebenso gut an die Differenz halten, über welche Lindberg exegesirt hat, ob im Glaubensbekenntniß stehen soll: den heiligen Geist, oder: den Heilig=Geist. Dies bloß als ein Exempel, denn es folgt von selbst, daß es unmöglich ist bei histori= schen Problemen eine solche objective Entscheidung zu finden, daß sich kein Zweifel einbrängen kann. Auch dies deutet darauf, daß das Problem subjectiv gestellt werden soll, und daß es grade ein Mißverständniß ist, sich objectiv sichern und dadurch dem Risico entgehen zu wollen, in welchem die Leidenschaft wählt, und in welchem die Leiden= schaft ihre Wahl behauptet. Das würde auch eine un= geheure Ungerechtigkeit sein, wenn eine spätere Generation sich objectiv sicher in das Christentum drängen könnte, und so dessen theilhaftig werden könnte, was die Erste in der äußersten Lebensgefahr der Subjectivität erkauft und durch ein ganzes Leben erworben hat.

Will Jemand sagen, daß die kurze Aussage leichter festzuhalten und schwieriger anzugreifen sei, so verschweigt er etwas, nämlich wie viel Gedanken in der kurzen Aus= sage enthalten sind. Insofern könnte einer mit demselben Rechte sagen, daß die weitläufigere Ausführung (da sie in diesem Fall von denselben, den Aposteln, wäre) deutlicher sei, und sich deßhalb leichter festhalten und schwieriger angreifen ließe.

Die Kirchentheorie ist hinlänglich als "objectiv" angepriesen worden, ein Wort, das in unserer Zeit eine Ehrenerklärung ist, womit Denker und Propheten sich einander etwas Großes zu sagen glauben. Schade nur, daß man in der strengen Wissenschaft, wo man objectiv sein sollte, es so selten ist; denn ein mit tüchtiger Autopsie gerüsteter Gelehrter ist eine große Seltenheit. Bei dem Christentum ist es indessen eine höchst unglückliche Kategorie, und wer ein objectives Christentum und nichts Anderes hat, ist eo ipso ein Heide; denn das Christentum ist grade Sache des Geistes und der Subjectivität und der Innerlichkeit. Daß die Kirchentheorie objectiv ist, will ich nicht leugnen, im Gegenteil durch das Folgende zeigen. Wer für seine Seligkeit unendlich interessirt ist, wird komisch, wenn er sie auf die Kirchentheorie gründen will. Er wird nicht komisch, weil er in Leidenschaft unendlich interessirt ist, dies ist grade das Gute bei ihm, aber er wird komisch, weil das Objective damit ungleichartig ist. Soll das Historische bei dem Glaubensbekenntniß das Entscheidende sein (daß es von den Aposteln ist usw.), so ist jeder Strich unendlich wichtig, und doch giebt es nur annähernde Gewißheit; daher ist der Mensch in einem Widerspruch: er will seine ewige Seligkeit darauf gründen und kann nie dazu kommen, weil die Annäherung niemals fertig wird. Es gäbe eine Analogie zu dem Zelotismus der bekümmerten biblischen Exegese. Das Individuum ist tragisch durch seine Leidenschaft und komisch dadurch, daß er sie auf eine annähernde Gewißheit wirft. — Will man das Sakrament der Taufe betonen und seine Seligkeit darauf gründen, daß man getauft sei, so wird man wieder komisch, weil es für den Gegenstand nur annähernde Gewißheit giebt. Wir Alle leben ruhig in der Meinung, daß wir getauft seien, aber soll die Taufe für meine ewige Seligkeit entscheidend sein, so muß ich um Gewißheit bitten, und so jeder, der nicht die Leidenschaft wie eine Kinderei abgelegt hat — und ein solcher hat ja keine ewige Seligkeit zu begründen, so kann er sie leicht auf wenig begründen. Ach, das Unglück ist, daß ich für ein historisches Factum nur annähernde Gewißheit bekommen kann. Mein Vater hat es gesagt, es steht im Kirchenbuche, ich habe ein Taufzeugniß usw. O ja, ich bin beruhigt. Aber laß einen Menschen Leidenschaft genug haben, um die Bedeutung seiner ewigen Seligkeit zu fassen, und ihn dann versuchen, sie daran zu knüpfen, daß er getauft sei: er wird verzweifeln. Auf diesem Wege müßte die Kirchentheorie, wenn sie einigen Einfluß hätte und nicht Alles so objectiv geworden wäre, zum Baptismus führen, oder auch dazu, daß man die Taufe wie das Abendmahl wiederholte, um seiner Sache sicher zu sein.\*)

Grade weil Grundvig als Dichter unmittelbare Leidenschaft hat, was grade das Herrliche an ihm ist, fühlt er einen unmittelbaren tiefen Drang nach etwas Festem, womit man das Dialectische fernhalten könnte. Aber dies ist ein Drang nach einem abergläubischen Stützpunkte,

---

\*) Man braucht z. B. nur daran zu denken, daß notorisch so Mancher nicht auf das apostolische Glaubensbekenntniß getauft ist, was bei dieser Theorie grade das Entscheidende ist. Welche Sicherheit kann man in dieser Hinsicht in spätern Jahren bekommen? A. B.

denn, wie oben bemerkt, jede Grenze, welche die Dialectik fernhalten soll, ist eo ipso Aberglauben. Grade weil Grundtvig in unmittelbarer Leidenschaft bewegt ist, ist er nicht unbekannt mit Anfechtungen. Durch diese bahnt man sich einen Ausweg, indem man etwas Magisches zu bekommen sucht, um sich daran zu halten und dann hat man gute Zeit, welthistorisch bekümmert zu sein. Aber hier liegt grade der Widerspruch; in Betreff seiner selbst beruhigt man sich mit etwas Magischem, und dann bekümmert man sich um die ganze Weltgeschichte.

Ob es übrigens nicht unchristlich ist, betreff der Frage nach seiner ewigen Seligkeit Ruhe zu finden in der Gewißheit, daß man getauft sei, gleichwie sich die Juden für ihr Gottesverhältniß auf die Beschneidung und die Abstammung von Abraham beriefen, also daß man nicht Ruhe findet im freien Geistes-Verhältniß zu Gott, sondern in einer Begebenheit, also die Anfechtung durch diese magische Taufe fernhält, statt sie mit dem Glauben zu überwinden: das will ich nicht entscheiden. Ich habe überhaupt keine Meinung, sondern stelle bloß das Problem experimentirend dar.*)

*) Wenn man sagt, das Sichernde gegen alle Anfechtung liege in dem Gedanken, daß Gott in der Taufe etwas an uns tut, so ist das natürlich nur eine Illusion, welche durch eine solche Bestimmung die Dialectik fernzuhalten meint; denn die Dialectik kommt gleich mit der Verinnerlichung dieses Gedankens, mit der Aneignung. Darauf hat jedes Genie, auch das größte, das jemals gelebt hat, ausschließlich all seine Kraft anzuwenden: auf die Verinnerlichung in sich selbst. Aber man wünscht ein für alle Mal von der Anfechtung frei zu werden, und in der Anfechtung richtet sich deßhalb der Glaube nicht auf Gott, sondern er wird ein Glaube daran, daß man getauft ist.

§. 3.

**Beweis der Jahrhunderte für die Wahrheit des Christentums.**

Das Problem ist objectiv gestellt; die biedre Subjectivität denkt so: „laß bloß die Wahrheit des Christentums gewiß und klar sein, ich will schon der Mann dazu sein, sie anzunehmen, das folgt ja von selbst". Das Unglück ist bloß daß die Wahrheit des Christentums durch ihre paradoxe Form etwas verwandtes mit den Brennnesseln hat; die biedere Subjectivität verbrennt sich nur, wenn sie so ohne weiteres zugreifen will, oder richtiger (da dies bei einem Geistesverhältniß nur übertragen zu verstehen ist) er greift sie gar nicht, seine objective Wahrheit greift er so objectiv, daß er selbst draußen bleibt.

Eigentlich dialectisch läßt dies Argument sich gar nicht behandeln; denn mit dem ersten Wort verwandelt es sich selbst in eine Hypothese. Und eine Hypothese kann wahrscheinlicher werden, wenn sie sich 3000 Jahre hält, aber deßhalb wird sie niemals eine ewige Wahrheit, die für die ewige Seligkeit eines Menschen entscheidend sein kann. Hat nicht der Muhamedanismus 1200 Jahr bestanden? Die Bürgschaft der 18 Jahrhunderte, und daß das Christentum alle Lebensverhältnisse durchdrungen, die Welt umgeschaffen habe usw., diese Bürgschaft ist grade ein Trugbild, durch welches das beschließende und wählende Subject betrogen wird und in die Verlorenheit der Parenthese eingeht. 18 Jahrhunderte haben keine größere Beweiskraft als ein Tag, wenn es sich um eine ewige Wahrheit handelt, welche für die ewige Seligkeit entscheiden soll; dagegen haben 18 Jahrhunderte und Alles, Alles was dahin gehört, ganz außerordentliche Macht — zu zerstreuen. Von Natur ist jeder Mensch darauf angelegt, ein Denker zu werden. (Ehre und Preis sei dem Gott, der die Menschen schuf zu seinem Bilde!). Gott kann nicht dafür, daß Gewohnheit und Schlendrian und Leidenschaftslosigkeit und das Geschwätz mit guten Freunden und Nachbarn die Meisten nach und nach verbirbt, so daß sie gedankenlos werden, und die Heimlichkeit nicht merken, daß ihr Reden von ihrer ewigen Seligkeit Affectation ist, grade weil es leidenschaftslos ist; daher können sie auch trefflich auf Streichholz-Argumente bauen.

Der Beweis läßt sich daher nur rhetorisch behandeln.\*) Die wahre Beredsamkeit wird indeß Bedenken tragen, ihn zu brauchen; vielleicht läßt sich daraus erklären, daß man ihn so oft hört. Im besten Fall will der Beweis auch nicht dialectisiren, sondern will imponiren. Der Redner isolirt das betrachtende oder zweifelnde Subject und stellt dem armen Sünder die unzähligen Geschlechter und Millionen mal Millionen gegenüber; dann sagt er ihm: darfst du nun frech genug sein, die Wahrheit zu leugnen, darfst du dir einbilden, daß du solltest die Wahrheit haben, und 18 Jahrhunderte, die unzähligen Geschlechter und Millionen Millionen sollten im Irrtum gewesen sein; darfst du, armseliger einzelner Mensch, darfst du diese unzähligen Geschlechter gleichsam ins Verderben stürzen wollen? Siehe, sie stehen auf aus den Gräbern,

---

\*) Am besten vielleicht mit einer humoristischen Wendung, wie wenn Jean Paul sagt: Wenn man alle Beweise für die Wahrheit des Christentums aufgäbe oder widerlegte, bliebe doch der zurück, daß es 18 Jahrhunderte bestanden hat.

sie gehen vor meinen Gedanken vorüber, Geschlecht um Geschlecht, alle jene Gläubigen, die in der Wahrheit des Christentums Ruhe fanden, und ihr Blick richtet sich, du frecher Aufrührer, bis die Scheidung des Gerichtes dich ihrem Blick entzieht, weil du zu leicht erfunden und hinaus in das Dunkel gestoßen wirst, fern von der Seligkeit Jener usw. — Hinter diesen ungeheuren Schlagworten zittert indessen zuweilen der feige Redner, wenn er den Beweis braucht, weil er ahnt, daß in seinem ganzen Verfahren ein Widerspruch steckt.

Dem Sünder tut er indessen keinen Schaden. Ein solches rhetorisches Sturzbad aus einer Höhe von 18 Jahrhunderten ist sehr erfrischend. Der Redner nützt, wenn auch nicht grade so wie er meint, er nützt indem er den Menschen aus den Andern aussondert — ach, das ist ein großer Dienst, denn nur Wenige vermögen dies durch sich selbst allein; und doch ist das Erproben in dieser Stellung eine absolute Bedingung für das Kommen ins Christentum. Nur ist die Frage, ob es dem Redner glückt, den Sünder unter das Sturzbad zu bekommen; er tut ihm nämlich Unrecht, da der Sünder ja gar nicht sagt, daß er die Wahrheit des Christentums leugne, sondern einzig und allein an sein Verhältniß zu ihr denkt. Wie der Isländer zum König sagte: es ist zu viel Ew. Gnaden, so könnte der Sünder sagen: Es ist zu viel Ew. Hochehrwürden, wozu alle diese Millionen Millionen, man wird so verwirrt im Kopfe, daß man weder aus noch ein weiß. Es ist das Christentum selbst, das ein ungeheures Gewicht auf das einzelne Subject legt; es will sich nur mit ihm einlassen, mit ihm allein, und so mit Jedem besonders.

Es ist insofern ein unchristlicher Gebrauch der 18 Jahrhunderte, durch den man den Einzelnen in das Christentum locken oder ängsten will; er kommt doch nicht hinein. Unkommt er hinein, so geschieht es gleichviel ob er 18 Jahrhunderte für sich oder gegen sich hat.

Es giebt keinen directen und unmittelbaren Uebergang zum Christentum, und Alle, welche auf diese Weise Einem rhetorisch oder wol gar durch Prügel ins Christentum hinein helfen wollen: alle diese sind Betrüger — nein, sie wissen nicht, was sie tun.

## Kap. 2.
### Die speculative Betrachtung.

Die speculative Betrachtung faßt das Christentum als ein historisches Phänomen auf; die Frage nach seiner Wahrheit bedeutet deßhalb, es so mit dem Denken zu durchbringen, daß zuletzt das Christentum selbst der ewige Gedanke ist.

Die speculative Betrachtung hat nun die gute Eigenschaft, daß sie keine Voraussetzungen hat. Sie geht von Nichts aus, nimmt Nichts als gegeben an, beginnt nicht „bittweise". Hier kann man also sicher sein, nicht solche Voraussetzungen zu treffen, wie in dem Vorhergehenden.

Doch wird da ja Eins angenommen: das Christentum als gegeben. Es wird angenommen, daß wir Alle Christen sind. Ach, Ach, Ach, die Speculation ist allzu artig. Ja, wie sonderbar ist der Gang der Welt! Einst war es lebensgefährlich, sich als Christen zu bekennen, nun ist es bedenklich, zu bezweifeln, daß man es ist. Besonders nämlich, wenn dies Bezweifeln nicht bedeutet, daß man anstürmt, um das Christentum abzuschaffen, denn das läßt sich hören. Nein, wenn ein Mensch simpel und einfältig sagen wollte, daß er für sich selbst bekümmert wäre, ob es mit seinem Christentum richtig zusammenhinge, so würde er — nicht verfolgt oder hingerichtet werden, aber man würde ärgerlich auf ihn sehen und sagen: „Das ist recht langweilig mit dem Menschen, daß er immer groß Aufhebens von Nichts macht: warum kann er nicht wie wir Andern sein, die wir Alle Christen sind; es ist grade wie mit F. F., der kann auch nicht mit einem Hut gehen, wie wir Andern, sondern muß immer etwas Apartes haben". Wäre er verheiratet, so würde seine Frau zu ihm sagen: „Aber lieber Mann, wie kannst Du auf solche Gedanken kommen! Du solltest kein Christ sein? Du bist ja Däne; steht nicht in der Geographie, daß die lutherisch=christliche Religion in Dänemark herrscht? Ein Jude bist Du doch nicht, ein Muhamedaner auch nicht, was solltest Du denn also sein? Es sind ja 1000 Jahr seit das Christentum abgeschafft wurde, so weiß ich ja, daß Du kein Heide bist. Tust Du nicht Deine Arbeit auf dem Contoir als ein guter Beamter, bist Du nicht ein guter Untertan in einem lutherisch=christlichen Stat, so bist Du ja ein Christ". Sieh, so objectiv sind wir geworden, daß selbst eine Beamtenfrau von dem Ganzen, von dem State, von der Gemeinschafts=Idee, von der Wissenschaftlichkeit der Geographie auf den Einzelnen schließt. In dem Grade folgt von selbst, daß der Einzelne ein Christ ist, Glauben hat usw., daß es läppisch ist, davon Aufhebens zu machen, oder doch Grillenfängerei ist.*)

Der Speculant will das Christentum betrachten. Er ist gleichgiltig dagegen ob es Jemand annimmt oder nicht; solche Bekümmerung überläßt man Seminaristen und Laien — und doch wol auch den wirklichen Christen, welchen es keineswegs gleichgiltig ist, ob sie Christen sind oder nicht! Er betrachtet das Christentum um es nun mit seinen speculativen, ja mit seinen echt speculativen Gedanken zu durchdringen. Gesetzt, dies ganze Vornehmen wäre eine Chimäre! gesetzt, es ließe sich gar nicht tun! gesetzt, das Christentum wäre grade die Subjectivität, die Verinnerlichung, also daß nur zwei Klassen Etwas von ihm wissen können: die, welche in unendlich leidenschaftlichem Interesse für ihre ewige Seligkeit sie gläubig auf ihr gläubiges Verhältniß zum Christentum bauen, und die, welche in entgegengesetzter Leidenschaft (aber in Leidenschaft) es verwerfen — die glücklichen und die unglücklichen Liebhaber! Gesetzt, daß die objective Gleichgiltigkeit gar nichts zu wissen bekommen kann! Denn bei einer Beobachtung, für die der Beobachter in einem bestimmten Zustande sein muß, gilt ja, daß wenn er nicht in diesem Zustande ist, so erkennt er auch nichts. Falls nun das Christentum wesentlich etwas Objectives ist, so kommt es darauf an, daß der Beobachter objectiv ist, aber falls das Christentum wesentlich die Subjectivität ist, so ist es ein Fehler, wenn der

---

*) Jetzt hat zwar die Gesetzgebung in diese Beweisführung ein Loch gemacht, da indeß berühmte Männer das Christentum in die Ausübung des irdischen Berufes setzen, so bleibt sie wol in Kraft.
A. B.

Beobachter objectiv ist. Im Verhältniß zu allem Erkennen, wo es gilt, daß der Gegenstand des Erkennens die Innerlichkeit des Subjectes selbst ist, da muß der Erkennende in diesem Zustande sein. Aber der Ausdruck für die äußerste Anstrengung der Subjectivität ist das unendlich leidenschaftliche Interesse für seine ewige Seligkeit, und wer nicht in diesem Zustande ist, gewinnt nichts durch all sein Betrachten.

Das die speculative Betrachtung objectiv ist, leugne ich nicht; im Gegenteil, ich will nur, um es deutlicher zu zeigen, auch hier wieder die um ihre Seligkeit unendlich bekümmerte Subjectivität damit zusammenstellen, dann wird sich die Objectivität der speculativen Betrachtung darin zeigen, daß das Subject komisch wird. Er ist nicht komisch, weil er unendlich interessirt ist, (vielmehr ist grade jeder komisch, der nicht unendlich in Leidenschaft interessirt ist und doch den Leuten einbilden will, er habe Interesse für seine ewige Seligkeit), nein, das Komische liegt im Mißverständniß des Objectiven.

Ist der Speculant zugleich gläubig (was auch behauptet wird), so müßte er ja längst eingesehen haben, daß die Speculation niemals für ihn die Bedeutung bekommen kann, wie der Glaube. Grade als Gläubiger ist er ja unendlich an seiner ewigen Seligkeit interessirt, und ist im Glauben ihrer vergewissert (NB. so wie man es gläubig sein kann, d. h. nicht ein für alle Mal, sondern mit des Glaubens gewissem Geiste, der täglich mit dem unendlichen persönlichen Interesse erworben wird); und er baut da keine ewige Seligkeit auf seine Speculation, er geht eher mißtrauisch mit der Speculation um, daß sie ihn nicht aus der Gewißheit des Glaubens weglocke (die in jedem Augenblick die unendliche Dialectik der Ungewißheit bei sich hat) und ihn in das gleichgiltige objective Wissen führe. Sagt er daher, er baue seine ewige Seligkeit auf die Speculation, so widerspricht er sich komisch, denn die Speculation in ihrer Objectivität ist grade gänzlich gleichgiltig gegen seine und meine und deine Seligkeit, während diese grade in dem abziehenden Selbstgefühl der Subjectivität liegt, das durch die äußerste Anstrengung erworben wird.

Oder der Speculant ist nicht ein Gläubiger. Der Speculant ist natürlich nicht komisch, denn er fragt gar nicht nach seiner ewigen Seligkeit; das Komische zeigt sich erst, wenn die unendlich interessirte Subjectivität ihre Seligkeit in ein Verhältniß zur Speculation setzen will. Der Speculant dagegen setzt das Problem gar nicht, denn als Speculant bleibt er grade zu objectiv um sich um seine ewige Seligkeit zu bekümmern. Hier ein Wort, damit deutlich werde, wenn Einer manche meiner Aeußerungen mißversteht, daß er es ist; der mich mißverstehen will, während ich ohne Schuld bin. Ehre sei der Speculation, gepriesen Jeder, der in Wahrheit mit ihr sich beschäftigt. Den Wert der Speculation leugnen (wenn man auch wünschen könnte, daß die Wechsler im Vorhof verjagt würden als Unheilige) bedeutet in meinen Augen sich selbst prostituiren, und wäre besonders töricht bei dem, dessen Leben nach schwachen Kräften meistenteils diesem Dienste geheiligt ist; besonders töricht bei dem, der die Griechen bewundert. Denn er muß ja doch wissen, daß Aristoteles, wo er bespricht, was Glückseligkeit ist, die höchste Seligkeit ins Denken setzt, indem er erinnert, daß der selige Zeitvertreib der ewigen Götter das Denken ist. Er muß ferner eine Vorstellung davon haben und Ehrerbietung vor der unerschrockenen Begeisterung des Wissenschaftlichen, und seiner Ausdauer im Dienst der Idee. Aber für den Speculirenden kann die Frage nach seiner persönlichen ewigen Seligkeit gar nicht aufkommen, grade weil seine Aufgabe darin besteht, mehr und mehr von sich fortzukommmen, objectiv zu werden, und so vor sich selbst zu verschwinden und die schauende Kraft der Speculation zu werden. In all Solchem weiß ich auch ganz gut Bescheid. Aber sieh, die seligen Götter, jene großen Vorbilder der Speculation, die waren ja auch nicht bekümmert um ihre ewige Seligkeit. So trat daher das Problem im Heidentum gar nicht auf. Aber das Christentum auf diese Weise behandeln, heißt ja bloß verwirren. Da der Mensch eine Synthese von Zeitlichem und Ewigem ist, kann die Seligkeit der Speculation, welche der Speculant haben mag, nur eine Illusion sein, weil er in der Zeit bloß ewig sein will. Darin liegt die Unwahrheit der Speculation. Höher als diese Seligkeit ist daher das unendliche Interesse für seine persönliche Seligkeit. Sie ist grade höher, weil sie wahrer ist, weil sie bestimmt die Synthese ausdrückt.

So verstanden wird sich das Komische leicht in dem Widerspruch zeigen. Das Subject ist unendlich in Leidenschaft für seine Seligkeit interessirt, nun soll ihm durch die Speculation geholfen werden, er soll selbst speculiren. Aber um zu speculiren, muß man grade auf dem entgegengesetzten Wege gehen, sich selbst in Objectivität aufgeben und verlieren, vor sich selbst verschwinden. Die Ungleich=

artigkeit wird ihn ganz verhindern zu beginnen, und wird komisch jede Versicherung richten, daß er auf diesem Wege etwas gewonnen habe. Dies ist von der entgegengesetzten Seite ganz dasselbe, was im Vorhergehenden von dem Verhältniß des Beobachters zum Christentum gesagt wurde. Objectiv läßt sich das Christentum nicht beobachten, grade weil es die Subjectivität auf ihr Aeußerstes bringen will; wenn die Subjectivität so richtig gestellt ist, kann sie ihre ewige Seligkeit nicht an die Speculation knüpfen wollen. Den Widerspruch zwischen dem in Leidenschaft unendlich interessirten Subject und der Speculation, wenn sie ihm helfen soll, will ich mir erlauben, durch ein sinnliches Bild zu erklären. Wenn man saugen will, darf man nicht zu stark auf den Schlauch drücken; je leichter man seine Hand macht, um so besser geht das Saugen. Will einer mit aller Kraft auf den Schlauch drücken, so kommt er gar nicht zum saugen. So gilt es auch hier für den Speculirenden sich selbst objectiv leicht zu machen, aber wer in Leidenschaft unendlich an seiner ewigen Seligkeit interessirt ist, macht sich subjectiv so schwer wie möglich. Grade dadurch macht er es sich unmöglich, zum speculiren zu kommen. Falls nun das Christentum dieses unendliche Interesse fordert (was angenommen wird, denn darum dreht sich das Problem), so sieht man leicht, daß er unmöglich in der Speculation finden kann, was er suchte. — Dies kann auch so ausgedrückt werden, daß die Speculation das Problem gar nicht hervortreten läßt, so daß all ihre Beantwortung nur Mystification ist.

# Beilage.

Eine Reihe Gründe, die aufzuzählen zu lang ist, bewegt mich einen Auszug anzuschließen aus der Schrift von R. Nielsen: Ueber den guten Willen als Macht in der Wissenschaft. Ihre Form macht vielleicht eine kurze Erklärung nötig. Bischof Martensen hatte in einer Schrift: „Vom Glauben und Wissen" die Theologie als centrale Wissenschaft und den **guten Willen** als Alleinherrscher in der Wissenschaft proclamirt. Dagegen erhebt in der genannten Schrift Professor Rasmus Nielsen mit beträchtlicher Ueberlegenheit Einsprache im Namen der Naturwissenschaft, der Geschichte und besonders im Namen seines Faches, der Philosophie. Die satirischen Beziehungen sind bei dem Auszuge wenig verständlich, doch wird sie ein Leser der Martensen'schen Dogmatik leicht verstehen und wol auch ein Leser der Ethik, von der selbst **Scharling** sagt, daß sie ästhetische und ethische Begriffsbestimmungen verwechsle (Humanität und Christentum 2, 350).

---

Hätte das menschliche Wissen nur relative Grenzen, so müßten alle unsre Erkenntnisse ohne Ausnahme schließlich in der Wissenschaft zu begründen sein. Was die Wissenschaft nicht auf diese Weise begründen könnte, was sie selbstwidersprechend und verwerflich fände, wäre dann nicht bloß unwahr vom Standpunkt der Wissenschaft, sondern es wäre zugleich unwahr in sich selbst. In diesem Verstand würde es ganz richtig eine Unmöglichkeit sein, daß Etwas könnte wahr sein im Glauben, was nicht wahr wäre im Wissen. Hat das menschliche Wissen dagegen außer den relativen Grenzen eine absolute Grenze, so daß hier also Etwas ist, was wir in diesem Dasein niemals zu wissen bekommen: so ist hier ein Mysterium, ein Rätsel des Daseins, dessen Auflösung in der Wissenschaft unwahr bleiben muß. Auf dieses Mysterium müssen die absolut idealen Voraussetzungen des persönlichen Lebens hingeführt werden: daß ein heiliger allmächtiger Wille des Allbaseins Urheber ist; daß des Menschen Wesen, ethisch gesehen, sich in ursprünglichem Streit mit seinem Ideal befindet; daß jeder Mensch, der im Reich des Geistes das Auge aufschlägt, sich schuldig erkennen muß; daß das Herz erst Frieden finden kann, wenn die Schuld eingesehen, eingestanden und gesühnt ist, und die Gewißheit eines ewigen Lebens im Reich der Wahrheit und der Persönlichkeit erworben ist. Je mehr das Gewissen diese idealen Voraussetzungen schärft, desto tiefer ist der religiöse Drang; je tiefer, stärker und innerlicher der religiöse Drang ist, desto mehr ist die Entscheidung absolut persönlich, und je mehr die Entscheidung absolut persönlich ist, desto deutlicher zeigt sich, daß die absolut idealen Voraussetzungen des persönlichen Lebens im Glauben liegen, nicht im Wissen.

Aber warum nun nicht Beides, im Glauben und im Wissen, erst im Glauben und dann im Wissen, erst credo und dann intelligam? Ja warum nicht? Es ist in der Regel leichter den Gegensatz zwischen Glauben und Wissen für einen Naturforscher einleuchtend zu machen und für religiöse Menschen, als für Theologen und speculirende Geistliche. Der religiöse Mensch fühlt, was Glauben ist; der Naturforscher weiß, was Wissen ist; aber die, deren Glaube einen Beigeschmack von Wissen hat, wissen nicht, was Glaube ist, und die, deren Wissen bis zum Unglaublichen nach Glauben schmeckt, verstehen nicht, was Wissen ist.

Für den Naturforscher ist der Glaube absolut ungleichartig mit dem Wissen; hierin hat er eine Versuchung den Glauben aufzugeben, aber auch die Möglichkeit ihn zu bewahren. Wie er in dieser Versuchung besteht, wie er persönlich diese Möglichkeit benützt, dafür soll er in seinem Gewissen der Ethik Rechenschaft ablegen. In dieser Hinsicht können wir Bischof Martensens Worte unterschreiben, daß der Wille ethisch „das Theoretische erwählen oder verwerfen wird, welches sich dem Bewußtsein darstellt, daß er sich das entscheidende Ja und Nein, Placet und Veto vorbehält, weil er selbst verantwortlich sein und Rechenschaft ablegen soll auch für die ganze innere Haushaltung". Aber laß uns nun gesondert erst die Versuchung und dann die Möglichkeit betrachten. Die Versuchung ist, Glauben und Wissen etwas gleichartig zu machen und die Erkenntniß der absoluten Grenze des Wissens in den Hintergrund treten zu lassen. Daß der Glaube mit dem Wissen gleichartig gemacht wird, sieht man daran, daß aus Voraussetzungen des Wissens Glaubensconsequenzen, und aus Voraussetzungen des Glaubens Wissensconsequenzen gezogen werden. So oft der Naturforscher in diese Versuchung gerät, merkt er gleich, wie ungereimt der Glaube ist, wie wenig er sich mit dem Wissen vereinen läßt. — —

Von diesem Gesichtspunkt aus wird ein gläubiger Mensch leicht versucht, über die Naturlehre den Stab zu brechen um den Glauben zu bewahren, während der Naturforscher umgekehrt sich versucht fühlt, den Glauben aufzugeben, um an der Wissenschaft festzuhalten. Die Versuchung ist, daß Glauben und Wissen so leicht etwas gleichartig gemacht werden, ungeachtet sie absolut ungleich=

artig sind. — Aber in diesem absoluten Gegensatz liegt grade die Möglichkeit der Lösung.

Es ist die absolute Grenze unsres Wissens, es ist das Rätsel des Daseins, worauf die Aufmerksamkeit der Wissenden wie der Glaubenden sich hier heften muß. Hat alles menschliche Wissen eine absolute Grenze, giebt es hier wirklich ein Mysterium des Geistes, ein Rätsel des Daseins, so giebt es hier auch etwas, was geglaubt werden muß, weil es nicht gewußt werden kann. Wenn nun, was im Rätsel verborgen und einzig und allein bestimmt ist Gegenstand des Glaubens zu sein, gleichwol ins Wissen und die Wissenschaft hineingezogen wird, was dann? — Dann macht sich die Wissenschaft frischweg daran, das zu ergründen und zu begreifen, was seiner Natur nach wissenschaftlich nicht begriffen werden kann noch soll. Sie überschreitet ihre absolute Grenze und wird selbst unwahr, während sie die Mysterien des Glaubens unwahr macht.

Daß das Wissen den Glauben zur Grenze hat, setzt notwendig voraus, daß auch der Glaube das Wissen zur Grenze hat. Aber daß der Glaube das Wissen zur Grenze hat, will sagen, daß ein Glaubensbegriff unmöglich zu einem Wissensbegriff entwickelt werden kann. Indem der Glaube sich auf das Wunder stützt, setzt er eine wirkliche Natur mit wirklichen Gesetzen voraus. Aber wie verhält sich die Natur zum Wunder? Ja, das ist es grade, was das Rätsel des Daseins ist. Wenn nun der Glaube seine absolute Voraussetzung, nämlich das Rätsel, vergessend seine Grenze überschreitet und den wissenschaftlichen Naturbegriff zu Gunsten des Wunders umkalfatern will: da wird nicht bloß der Naturbegriff der Wissenschaft zu einer

Unwahrheit im Glauben, sondern der Glaube, der sich auf Etwas eingelassen hat, was über seine Kräfte geht, wird selbst unwahr. — —

Das ist wieder „die Geschichte vom Sündenfall und den beiden absolut ungleichartigen Bäumen", von welchen des einen Früchte „der Theologie verboten waren". Die Kritik, die historisch=wissenschaftliche Kritik ist hier vorbildlich im Baum der Erkenntniß dargestellt. Die Schlange auf dem Baum ist der gesunde Menschenverstand, der immer eine sündige Vorliebe für das Logisch=Physische gezeigt hat. Gleichwie die Schlange im Paradies, jene erste Schlange, das dogmatisch=kosmische Princip, welche älter ist als der Teufel, da der Teufel laut unserer „christlichen Dogmatik" ein Sohn des kosmischen Princips ist, Eva mit arglistigen Worten verführte, die nach der Melodie gingen: „es ist nicht wahr, was Gott gesagt hat (nämlich vom Standpunkt der Wissenschaft)": so kam nun der gesunde Menschenverstand, ein natürlicher Sohn des Teufels in gefleckter Haut von logisch=physischer Textur, kroch kritisch auf den Baum der Erkenntniß, streckte den Kopf hervor mit „Autonomie" und begann mit der Theologie zu conversiren in arglistigen Worten, die nach der Melodie klangen: Es ist nicht wahr, was die Bibel sagt (nämlich vom Standpunkt der Kritik). Und das Weib — denn im Symbol ist die Theologie ein Weib — sah, daß der Baum, der Baum der Kritik, gut war davon zu essen, und daß er lustig war anzusehen, und ein reizender Baum, weil er klug machte, und sie nahm von der Frucht und aß, und sie gab auch der Facultät Etwas davon ab, und die aß mit. Da wurden Beider Augen aufgetan und sie sahen — das

Nackte, sie sahen in der Kritik die nackte Wirklichkeit; und sie flüchteten in den Garten der Aesthetik und nähten sich Feigenblätter und schnitten Streifen vom Rücken der Philosophie und machten sich Gürtel. Und sie (die Theologie und die Facultät) erkannten, daß sie nicht ohne Gefahr für „einen eignen Platz außerhalb der Wissenschaft" fernerhin das Verhältniß des Dogmatikers zur Offenbarung auf entsprechende Weise betrachten könnten „wie das Verhältniß des Naturforschers zur Natur"; sie erkannten, daß sie nicht fernerhin mit erhobener Stimme von den übernatürlichen Tatsachen der Geschichte reden könnten, weil die übernatürlichen Tatsachen nicht historisch waren und die historischen nicht übernatürlich.

Die in ihrem Paradies so jugendfrische, vertrauensvolle, bibelstolze Schrifttheologie (weil sie an der wörtlichen Inspiration einen so felsenfesten Grund hatte), wie ist sie nach dem Sündenfall durch das Logisch-Physische nach und nach geschwächt, gebeugt, verblaßt, gedemütigt worden! Muß man sagen, daß der Teufel in der Speculation — und das tiefste Speculative ist grade das höchste Seiende — ein dogmatischer Sohn des kosmischen Princips und nur auf diese Weise als ein echt objectiv wissenschaftlicher Teufel zu denken ist: da muß auch gesagt werden, daß die mit der Kritik liebäugelnde Theologie eine undogmatische Tochter der gefallenen Orthodoxie ist. Wol wahr, die Gefallene meint, sie habe noch Wissenschaft und Gewissen. Ja, Gewissen! Die Theologie mag wol vom Gewissen dociren, wenn das Gewissen mit einer halben Speculation dasitzt und in einem Paragraphen der Dogmatik schläft. Laß das Gewissen erwachen, laß die Theologie

einmal die Stimme der Gemeinde hören. „Was hast
du" fragt die Gemeinde „mit meinem Weihnachts=
evangelium gemacht? Ach, liebe Gemeinde, werde
nicht böse, die Kritik hat leider das Weihnachtsevangelium
rein in Stücke gerissen. Aber verlier den Mut nicht! denke
daran, daß das Wissen dem Glauben helfen soll, denke
daran, was Bischof Martensen mit Anselmus sagt: „Nicht
wage ich, o Herr, deine Tiefen zu ergründen"; aber ich
glaube, daß das Wissen dem Glauben aufhelfen soll. Weine
nicht! Das Evangelium, welches die Kritik in Stücke ge=
rissen hat, kann die Apologetik ja wieder zusammensetzen;
denn die synoptische Apologetik ist doch wol wissenschaftlich
in ihrem guten Recht, wenn sie sorglich die Stücken auf=
hebt und zeigt, wie sie ganz gewiß müssen gesessen haben.

Du siehst mich so finster an. Was kann ich dafür,
daß die Wissenschaft objectiv ist? Wer hätte auch gedacht,
daß die historischen Tatsachen des Weihnachtsevangeliums
so wunderlich spröde sind, die natürlichen Tatsachen ebenso
spröde wie die übernatürlichen. Ich will gar nicht von
dem Uebernatürlichen, von den Engeln, die vor den Hirten
sangen, von dem Stern, der vor den Weisen herging,
reden — denn von der „mythisirenden Einkleidung" die
„ausfüllend und formend zu dem historisch Wirklichen
hinzutritt" gesteht sogar die Apologetik, daß sie weder aus
noch ein weiß. Ich will, was das Natürliche angeht, nur
im Vertrauen dich wissen lassen, daß das mit Quirinus
rein verkehrt ist.

„Was hast du" fragt die Gemeinde die sündig
gewordene Theologie „mit meinem Osterevangelium
gemacht?" Ach, liebe Gemeinde, die Erzählungen von

Christi Tod und Auferstehung bieten wirklich der Wissenschaft nicht wenig Schwierigkeiten. Wir wollen uns nicht bei dem Chronologisch=Synoptischen aufhalten, denn was das Chronologisch=Synoptische angeht, kann die Gemeinde nicht genug der in Erfindsamkeit unerschöpflichen Apologetik danken. Aber wer fühlt nicht das Gewicht, das auf der Wissenschaft lasten muß, wenn er an die Begebenheiten bei Jesu Tode denkt. „Und sieh, der Vorhang im Tempel zerriß von oben an bis unten aus, und die Erde bebte, und die Felsen zerrissen und die Gräber taten sich auf und viele der Leiber der Heiligen standen auf; und sie gingen heraus aus den Gräbern nach Seiner Auferstehung, und kamen in die heilige Stadt, und offenbarten sich Vielen."

Um sich mit diesem Mirakel anständig auseinander zu setzen, ist die synoptische Apologetik selbst nahe daran ein Mirakel zu tun, ein echt apologetisches Mirakel. Damit du doch eine kleine Vorstellung bekommst, wie die theologische Exegese Glauben und Wissen zu versöhnen weiß, teile ich hier die Erklärung unserer neuesten theologischen Lehrbücher mit. „Die Auferstehung des Herrn war geschehen, da besahen sich die Besitzer von Familiengräbern die Verwüstung, welche das Erdbeben in diesen Felsenkammern angerichtet hatte. Durch die Spalten der Felsen und der Steintüren, welche durch das Erdbeben gelöst und abgeworfen waren, waren die Leiber ihrer Todten zu sehen, wie sie auf dem Boden oder auf Steinbänken ruhten. Beim Anblick dieser Leiber bekamen die Besitzer von Familiengräbern visionäre Offenbarungen;" und dann leugne man, daß hier ein Denken ist „dessen

Darstellung des Wunders die physikalischen Einwendungen aufwiegt."

„Wo ist der Glaube geblieben" fragst du. Der Glaube ist ja objectiv in den visionären Offenbarungen, welche die Besitzer der Familiengräber hatten; subjectiv ist er in dem Glauben, mit welchem der Erklärer selbst an den Glauben jener glaubt, die visionäre Offenbarungen hatten. „Und das Wissen?" Ja, Wissen ist hier doch genug. Hier ist ja, wenn wir die Verwüstungen bei dieser Auferstehung recht in Augenschein nehmen, vielmehr Wissen bei den Erklärern, als bei den Evangelisten. „Aber nun die Versöhnung von Glauben und Wissen?" Liebe Gemeinde, kannst du die Versöhnung von Glauben und Wissen in der hermeneutischen Versöhnung der religiösen und wissenschaftlichen Momente der Erklärung nicht sehen: da muß es sein, weil deine Glaubenserkenntniß nur praktisch und subjectiv, nicht zugleich theoretisch objectiv ist.

„Was hast du" fragt die Gemeinde „mit deinem theoretischen Herzen aus der evangelischen Geschichte gemacht, aus der Verklärung auf dem Berge, aus der Speisung in der Wüste, aus der Wandrung auf dem Mer usw. usw.?" Wir brauchen diese Verhandlungen nicht fortzusetzen, wir merken schon, daß die mit dem Culturbewußtsein einige und doch uneinige, viel wissende und doch wenig erkennende Theologie ein böses Gewissen hat, wenn sie mitten in ihrem Wissen der Gemeinde Rechenschaft von ihrem Glauben geben soll. Wer einen wirklichen Einblick in das Mißverhältniß von Glauben und Wissen bei der Theologie tun will, darf sich nicht von dogmatisch speculativen Redensarten betören lassen, sondern muß sich mit der fortschreitenden theologischen

Erklärung des Neuen Testaments namentlich der vier Evangelien bekannt machen, und den Weg kennen lernen, der historisch und consequent zu einer mythischen Behandlung des Lebens Jesu geführt hat.

Freilich sagt Bischof Martensen, es seien „nur Schellings abgelegte Kleider, mit denen Strauß und Andere sich geschmückt hätten, um in dieser Löwenhaut das Christentum anzugreifen"; aber diese Annahme gehört nach dem logischen Gegensatze zwischen dem Richtigen und Unrichtigen offenbar zu dem Halbrichtigen, um nicht zu sagen zu dem im Grunde Unrichtigen. Man braucht nur einen Blick in die Einleitung des „Leben Jesu" von Strauß zu werfen, um sich zu überzeugen, daß die Sache anders zusammenhängt. Wie man dort sieht (cf. das über Usteri gesagte) kommen die Theologen zu ihrer mythischen Erklärungsweise mit einer Notwendigkeit, die nicht in Schellings „abgelegten Kleidern" hängt. Aber Bischof Martensen, der einen begehrlichen Blick auf Schellings neue Kleider geworfen hat, denkt, so oft er eine mythische Löwenhaut sieht, unwillkürlich an die alten Kleider; denn das ist gewiß: aus Schellings neuen Kleidern kann keine Löwenhaut geformt werden; aber es kann wol ein Fuchspelz daraus genäht werden, der „von Neuheit funkelt".

Wo das Mißverhältniß zwischen der Verteidigung und dem, was man verteidigt, so colossal ist wie z. B. in der apologetischen Erklärung der vier Evangelien; wo das Concordat zwischen dem Evangelienglauben und der Theologie so unglücklich und für Beide so peinlich ist, daß die Theologie in jeder Zeile dem Glauben widerspricht, und der Glaube wieder, wo er seinen Schnitt sieht, der

Theologie; wo das „Concordat" in dem Grade Zwiespalt anrichtet, daß die contrahirenden Parteien trotz aller Vorsicht, mit welcher der synoptische Apologet beständig die Grenze absteckt, sich ohne Ende auf dem Mittelwege stoßen und zanken, trotzdem „der Mittelweg breit ist" — wo eine solche Erscheinung tonangebend wird und das Gepräge des Normalen bekommt: da muß in der Grundlage selbst ein ungeheures Mißverständniß liegen.

Wir haben eine Reihe Jahre nicht bloß den speculativ jubilirenden, allzeit triumphirenden Dogmatismus im Auge gehabt, sondern auch die sehr wirksame, sich klug moderirende, die Gedanken halbirende Mittelwegslehre. Das Resultat unserer Untersuchung ist, daß es keineswegs die wissenschaftliche Kritik ist, sondern die christliche Apologetik, welche im Namen des Culturbewußtseins **das Christentum untergräbt**.\*) Zur Begründung dieser unsrer Ansicht mögen für den Augenblick folgende Hauptpunkte genügen. Der Evangelienglaube und die wissenschaftliche Kritik sind in dem Grade über die ersten Voraussetzungen bei Beurteilung der heiligen Geschichte uneinig, daß die Uneinigkeit nur gehoben werden kann, wenn man Glauben und Wissen auf absolut ungleichartige Principien hinführt. Die evangelische Geschichte enthält eine solche Vereinigung von natürlichen und übernatürlichen Tatsachen, daß das Urteil über jedes einzelne Evangelium notwendig von dem Urteil über das eigne ursprüngliche

---

\*) Diesen Satz abzudrucken ist freilich bedenklich; es könnte R. Nielsen leicht ebenso gehen, wie es J. Gottschid bei der Ev. K. Z. mit seiner Beurteilung der Ebrard'schen Apologetik ging: wer die Apologetik verwirft, verwirft auch die Sache. A. B.

Princip des Evangelienglaubens abhängig wird. Nach dem Glaubensprincip gehört das Wunder, das Uebernatürliche so absolut mit in die Offenbarungsgeschichte, hat für das gläubige Bewußtsein eine so unwiderlegliche und unbedingte Gültigkeit, daß der Offenbarungsglaube wesentlich ein Glaube an das Uebernatürliche ist. Nach dem Wissensprincip ist das Wunder, das Uebernatürliche absolut unannehmbar: die Wissenschaft weiß a priori, daß jede übernatürliche Begebenheit mythisch ist. Es ist, wenn wir näher zusehen, keineswegs Etwas, worüber die Evangelisten nicht übereinstimmen, es ist im Gegenteil das, worin alle übereinstimmen, was im Grunde der Kritik zum Aergerniß ist, nämlich das Uebernatürliche. Was im Ernst Schwierigkeiten macht, ist keineswegs der Umstand, daß z. B. der eine Evangelist zwei Engel am Grabe des Auferstandenen hat und der andere nur einen; es ist vielmehr der Umstand, daß hier eine Auferstehung ist, daß hier von Engeln geredet wird, daß Engel und Auferstehung als historisch Wirkliches auftreten, nicht als Mythologie.

Wo sich nun die wissenschaftliche Kritik frei und consequent entwickeln darf, wie bei Strauß und Renan, da ist das Resultat gleich klar. Ob auch unter allen evangelischen Berichten nicht ein einziger Widerspruch, nicht eine einzige historische Ungenauigkeit entdeckt werden könnte, so würde gleichwol das Wissen den Glauben austreiben; denn das Wunder ist, wissenschaftlich gesehen, eine Mythe. Anders mit dem Concordatswesen in der christlichen Apologetik. Hier können Glauben und Wissen einander narren, so lange man nur will. Gedrückt vom Concordat darf der Glaube nicht Mut fassen und es frei heraussagen,

daß das Uebernatürliche für das Glaubensprincip ebenso
unentbehrlich ist, wie das Natürliche für das Wissensprincip. Genirt vom „Concordat" will die Kritik von
ihrer Seite auch nicht mit der Sprache heraus. Weil auf
diese Weise der eigentliche und wesentliche Grund der Uneinigkeit verhüllt ist, so ist das Mißverständniß ein glim-
mender Brand — so können die Zänkereien über das
Einzelne, über die einzelnen Berichte niemals zu Ende
kommen. Jetzt stellt sich die Kritik als wollte sie gerne das
Evangelium vom Lobgesang der Engel glauben, wenn nur
nicht der historische Schnitzer mit Quirinus wäre. Darauf
nimmt die Apologetik das Wort und beweist, daß die Ungenauigkeit sehr gut entschuldigt werden kann, und daß
man, ohne die Engeloffenbarung buchstäblich zu nehmen,
ganz wohl „ein wunderbares Grundfactum" annehmen
kann. Jetzt stellt sich die Kritik als wollte sie gern das
große Mirakel von dem Zerreißen des Tempelvorhanges
einräumen, wenn sie bloß könnte „glauben, daß irgend
ein Zweck die Apostel abgehalten hätte, ein so bedeutungs-
volles Ereigniß zu besprechen;" so hat die Apologetik das
kindliche Vergnügen, dieses bezweifelte Ereigniß mit der
Bemerkung verteidigen zu können, es sei das Zerreißen
des Vorhangs doch kein Ereigniß „von der Bedeutung,
daß das Schweigen ein Beweis gegen seine Geschichtlichkeit wäre" usw. usw. Soll dies wissenschaftliche und religiöse Unwesen geendet werden, so müssen Glauben und
Wissen sich vereinen um eine Apologetik zu verwerfen, die
für beide gleich unerträglich ist. Soll dann der Evangelienglaube bewahrt werden, ohne daß die Kritik ihr Recht
aufgiebt, so kann dies nur in der Weise geschehen, daß

Glauben und Wissen als zwei absolut ungleichartige Principien geschieden werden.

Wenn der Glaube Freiheit bekommt, seine Erkenntniß aus seinem eignen Princip zu entwickeln, wird das Glaubensprincip selbst kritisch; es bildet sich in Bezug auf die Evangelien eine Glaubenskritik im scharfen Gegensatz zur Wissenskritik. Wie scharf der Gegensatz ist, kann man daran sehen, daß was für die Wissenskritik wesentlich ist, für die Glaubenskritik unwesentlich ist und umgekehrt. Für die Wissenskritik ist es z. B. wesentlich, die historischen Bedingungen und Voraussetzungen aufzufinden, unter denen die Vorstellungen von dem Uebernatürlichen, dem Unhistorischen, sich gebildet haben möchten. Zu dem Zweck strebt die Wissenschaft mit unermüdlichem Fleiß den Ursprung der Berichte zu erforschen, ihre ersten Elemente, ihr sagenhaftes Weiterwachsen, kurz ihre Authentie. Anders mit der Glaubenskritik. Sie geht principiell aus von einer unbegreiflichen Vereinigung des Uebernatürlichen und Natürlichen und gestattet in keiner Weise einen Versuch, die Evangelien zu zerreißen durch Scheidung ungleichartiger Elemente; dagegen sieht sie scharf nach, ob der vorliegende Bericht alle Kennzeichen hat, die zu dem Wesen der Offenbarung gehören. Denn sie nimmt nicht das Grundmirakel wegen der erzählten Begebenheit an, sondern sie eignet sich die erzählte Begebenheit an, insofern diese in allen einzelnen individualisirenden Zügen das Grundwunder anschaulich macht. Sowol von der Wissens= wie von der Glaubenskritik gilt es, daß jede von ihnen nach ihrem Princip arbeiten muß, um eine Versöhnung zwischen Inhalt und Form, zwischen der Sache und ihrer Einkleidung zu

Stande zu bringen. Aber während das Wissen mit seiner Kritik consequent im Mythus zur Ruhe kommt, kommt der Glaube mit seiner Kritik zur Ruhe im Offenbarungswort, dem Wort des Lebens, das in der Gemeinde lebt, dem Wort des Lichts, das in Kraft des Geistes vom Evangelium ausgeht und das Evangelium erleuchtet.

Im Gefühl davon, daß es mit der religiösen Ausbeute der wissenschaftlichen Forschung nicht richtig zusammenhängt, ist die „christliche Apologetik" denn auch bei jeder passenden Gelegenheit auf ästhetische Auffassung und Aneignung bedacht. „Die religiös-ästhetische Bedeutung dieser Erzählungen" — heißt es z. B. von der Kindheitsgeschichte Jesu und des Täufers — „in ihrer ganzen Form, wird bezeugt durch die Macht, mit welcher die christliche Kunst in ihrer schönsten Blütezeit sich vorzugsweise zu dieser Reihe von Scenen, welche — selbst ein Bilderkreis, in dem das Wundervolle und Geheimnißvolle hervortritt in seiner klarsten objectiven Anschaulichkeit, im Verein mit der festlichsten Hoheit und der reichsten Anmuth der Einfalt — durch bildliche Darstellungen und lyrische Bearbeitungen reiche Mittel zur Weckung und Nährung des kirchlichen Andachtslebens dargeboten hat". — Dies ist schmuck und treffend gesagt — nämlich von religiös-ästhetischem Standpunkt. Aber ist das Princip für das kirchliche Andachtsleben ein ästhetisches Princip? Daß die Andacht das Aesthetische als Moment haben kann, soll nicht geleugnet werden, aber im Princip ist das Aesthetische für die Andacht etwas Zufälliges, das Religiös-Ethische das einzig Nötige, das absolut Wesentliche. Die ganze Auffassung leidet an der im Culturbewußtsein grassirenden Schwachheit, welche ein mildes Zusammenschmelzen des Religiösen und des Aesthetischen einer principiellen Scheidung vorzieht; während die wissenschaftliche Kritik den Widerspruch zwischen dem Inhalt und der individualisirenden Form ins Bewußtsein bringen will. Die religiöse Auffassung aber ist mit dieser ästhetischen absolut uneins. Die religiös-ästhetische Betrachtung kann niemals die Offenbarung von der Mythe scheiden, das religiöse Bewußtsein aber läßt die Vereinigung der natürlichen und übernatürlichen Begebenheiten in einer höhern Wirklichkeit vorgehen, in einer Wirklichkeit, welche der Glaube lebendig erkennt, in einer Wirklichkeit, wovon das Wissen nichts weiß.

Wenn Glaube und Wissen in einem Bewußtsein vereint werden, ist es notwendig, Kritik anzuwenden, um Mischungen vorzubeugen. Die Kritik ist doppelt: eine Kritik sorgt dafür, daß unter allen Wechselbestimmungen und Reflexionsbeleuchtungen die beiden Erkenntnißkreise auseinander gehalten werden, und eine Kritik sieht nach, daß in jedem der beiden Kreise ein Unterschied gemacht werde zwischen Wesentlichem und Unwesentlichem, Notwendigem und Zufälligem, Gültigem und Ungültigem. Unter der doppelseitigen Anwendung der Kritik ergiebt sich da eine Glaubenskritik die in demselben Verhältniß zur Wissenskritik steht, wie der Glaube zum Wissen. Ist der Glaube absolut ungleichartig mit dem Wissen, so ist die Glaubenskritik absolut ungleichartig mit der Wissenskritik.*)

---

*) Es ist daher ein recht komischer Mißgriff, wenn sich die Wissenskritik auf Luthers Urteil über den Jacobusbrief beruft.

A. B.

Es zeigt sich da 1) daß die Glaubenskritik auf die Idee baut, indem sie das äußerlich Historische zum Moment für das innerliche (fides religiosa) herabsetzt; dagegen die Wissenskritik auf Tatsachen baut, indem sie das äußerlich Historische (fides historica) zur Hauptsache macht.

2) Das die Glaubenskritik mit dem allmächtigen Willen als Princip und dem Wunder als absoluter Voraussetzung die Wechselwirkung des Natürlichen und Uebernatürlichen vom Gesichtspunkt des Religiösen aus beurteilt; dagegen die Wissenskritik mit stillschweigender Leugnung des Wunders darauf hinarbeitet, die natürlichen Bestandteile von den übernatürlichen zu scheiden.

3) Daß die Glaubenskritik das historische Charakterbild nach seiner Bedeutung für eine Offenbarung würdigt, die Wissenskritik hingegen nach seiner Bedeutung als M y t h e.

---

Dies muß hier genügen. Als Schlußbemerkung will ich nur hinzufügen — was vielleicht vermißt werden könnte, — daß Professor Nielsen als neutrales Grenzgebiet zwischen Glauben und Wissen die „M e i n u n g" statuirt, und daraus folgert, „daß wir die Meinung der Väter verwerfen und doch ihren Glauben bewahren können". Ueber Wissen und Meinen waltet die Wissenskritik, über Glauben und Meinen die Glaubenskritik, indem sie untersucht, was für den Glauben das Entscheidende ist, z. B. ob dies, w i e die Versuchung zu den ersten Menschen kam, oder d a ß eine Versuchung kam. Ist nur das „D a ß" eine Glaubenssache, so kann es über das „Wie" verschiedene

Meinungen geben, insofern die Annahme einer Bilbersprache im Bericht den Gegenstand des Glaubens nicht berührt. In solchem Fall erklärt die Glaubenskritik, daß die Wahl zwischen buchstäblicher und geistiger Auffassung nicht zur Glaubensfrage aufgebauscht werden darf.

## Berichtigungen:

S. 4 Z. 7 v. o. l. Religiosität.
„ 11 „ 2 v. u. „ Repetenten
„ 13 „ 1 v. u. fehlt (
„ 19 „ 14 v. o. „ zu
„ 75 „ 3 „ „ l. Und
„ 78 „ 9 „ „ „ Daß

www.ingramcontent.com/pod-product-compliance
Lightning Source LLC
Chambersburg PA
CBHW031601170426
43196CB00032B/944